朱自清的踪迹

休假在成都

陈武 著

中国文史出版社

图书在版编目（ＣＩＰ）数据

休假在成都 / 陈武著 . -- 北京 : 中国文史出版社，
2022.9
　（朱自清的踪迹）

ISBN 978-7-5205-3928-9

Ⅰ.①休… Ⅱ.①陈… Ⅲ.①朱自清（1898－1948）
－生平事迹 Ⅳ.① K825.6

中国版本图书馆 CIP 数据核字 (2022) 第 208828 号

责任编辑：金　硕　胡福星

出版发行　中国文史出版社

社　　址　北京市海淀区西八里庄路 69 号院　邮编 :100142

电　　话　010-81136606 81136602 81136603 81136642（发行部）

传　　真　010-81136655

印　　装　阳谷毕升印务有限公司

经　　销　全国新华书店

开　　本　880×1230　1/32

印　　张　7

字　　数　141 千字

版　　次　2023 年 3 月北京第 1 版

印　　次　2023 年 3 月第 1 次印刷

定　　价　58.00 元

前　言

　　朱自清在《我是扬州人》一文里说："我家是从先祖才到江苏东海做小官。东海就是海州，现在是陇海路的终点。我就生在海州。四岁的时候先父又到邵伯镇做小官，将我们接到那里。海州的情形我全不记得了，只对海州话还有亲热感，因为父亲的扬州话里夹着不少海州口音。"

　　朱自清出生于 1898 年 11 月 22 日。曾祖父朱子擎原姓余，少年时因家庭发生变故而被绍兴同乡朱姓领养，遂由余子擎改名朱子擎。朱子擎成年后，和江苏涟水花园庄富户乔姓人家的女儿成婚，并定居于花园庄，儿子出生时，为纪念祖先而起名朱则余。朱则余就是朱自清的祖父，娶当地吴氏女生子朱鸿钧。朱则余在海州做承审官时，朱鸿钧一家随父亲在海州定居生活。在朱自清出生的第四年，即 1901 年，朱鸿钧到高邮邵伯镇（后归江都）做一名负责收盐税的小官，朱自清和母亲一起到邵伯生活。1903 年，朱则余从海州任上退休，朱鸿钧在扬州赁屋迎养，从此便定居扬州。1916 年秋，朱自清考入北京大学预科，一年后转读本科哲学系，并于 1920 年 5 月毕业。大学读书期间，朱自清受新思潮的启发和鼓舞，积极参加文学社团，从事文学创作，并全程参与以北京大学为中心的五四学生爱国运动。大学毕业后的五年时间里，他一直在江南各地从事中学教学和文学创作，结交了叶圣陶、俞平伯、郑振铎、丰子恺、朱光潜等好友，创作了大量的白话诗、散文和教学随笔，为开辟、发展新文学创作的道路，做出了可喜的成绩和贡献。1925年暑假后，朱自清任清华大学教授，从此开始了一生服务于清华的道路。朱自清的学生季镇淮在纪念朱自清逝世三十周年座谈会上说："清华园确实是先生喜爱的胜地。新的环境安排了新的生活和工作。由于教学的需要，先生开展古代历史文化的研究，自汉字、汉语语法、经史子集、诗文评、小说、歌谣之类，以及外国历史文学，无所不读，无不涉猎研究，'注重新旧文学与中外文学的融合'，而比较集中于中国文学史、中国文学批评史的研究和当代文学评论。"

1937 年七七事变，是中国近代史上的一个转折点，也是朱自清生活的一个节点，随着清华大学的南迁，朱自清也一路迁徙，从长沙，到南岳，再到蒙自，再到昆明，一家人分居几处，生活的艰难可想而知。随着抗日战争的不断深入，国民党统治区的物价不断飞涨，朱自清家的生活也陷入了贫困，朱自清的身体健康日益恶化。但朱自清在写作、教学和研究中，依然一丝不苟，奋力拼搏，一篇篇散文和研究文章不断见诸报刊，一本本新书不断出版，表现了一个中国作家、学者的韧劲和自觉。

抗日战争胜利后，朱自清于1946年随着清华大学复员而回到北平，朱自清自觉地加入民主运动，在研究和写作中体现了正直的知识分子的立场，在贫病交加中，由一个坚定的爱国主义者，成为一个革命民主主义者，签名拒绝领取美国救济粮，朱自清在"美帝国主义和国民党反动派面前站了起来"，表现了有骨气的中国人的传统美德和英雄气概。

朱自清一生所处的时代，是近代中国人民觉醒的时代，也是中国社会发生巨大转折的时代，朱自清没有迷失自我，坚定自己的创作、研究和教学，培养了一大批正直的知识分子和社会建设人才，留下了数百万字的作品，成为中国文化的巨大财富。

作为同乡前辈，朱自清一直是我崇敬的偶像，同时我也很早就关注了他的作品。早在1996年，《朱自清全集》在江苏教育出版社出版的时候，我就买了一套，放在书橱最显眼又顺手的位置，随时可以取出来翻一翻、读一读，读他的文学作品、学术专著、语文随笔、旧体诗词，每一次都会有不一样的感受。记得在读叶圣陶的文章《朱佩弦先生》时，说到朱自清的作品，有这样的评论："他早期的散文如《匆匆》《荷塘月色》《桨声灯影里的秦淮河》都有点儿做作，太过于注重修辞，见得不怎么自然。到了写《欧游杂记》《伦敦杂记》的时候就不然了，全写口语，从口语中提取有效的表现方式，虽然有时候还带一点文言成分，但是念起来上口，有现代口语的韵味，叫人觉得那是现代人口里的话，不是不尴不尬的'白话文'。"读了这段话，我还特地把《匆匆》等三篇文章重读一遍，再对照着读《欧游杂记》《伦敦杂记》，认真领会了叶老的评论，真是受益匪浅。当我写作累了的时候，或偷懒、懈怠的时候，《朱自清全集》也仿佛会开口说话一样，用严肃的语言督促我，叫我偷懒不得。真正想对朱自清做点研究，是在2000年，当时我在一家报纸的文学副刊做编辑，对于副刊知识也了解了一些，知道许多文学大师当年的文章都是发表在各种文学副刊上的。于是便下功夫，搞了几个专栏，有特色的是"苍梧片影"等，也有整版的关于连云港名人或地方文化的专刊，几年之中，渐成规模，受到当地文坛的注意。在多年的文学编辑中，总是想着要写一写关于朱自清的文章，恰好文友刘成文先生也有这个意向，我们便合作了一篇，正是关于朱自清的。这篇文章的题目已经忘了，当时发了一个整版，还配了几幅图片。文章发表后，受到不少朋友的鼓励和好评，想再接再厉，多写几篇。于是更加留意朱自清的相关评论和回忆史料，和朱自清同时代作家的作品和年谱、评传也买了不少，揣摩那一代作家的人格魅力和作品风格。虽然后来没有继续研究，文章也没写几篇，但通过这样的工作，对朱自清又有了更多的了解，崇敬之情也加深了一层。

真正坐下来专心研究朱自清，写作关于朱自清的文章，还是在 2013 年下半年。我的所谓"研究"，实际上就是更多、更广泛的阅读，包括朱自清的原著，亲属的回忆文章，早年的自编文集和后来出版的各种版本的作品集，各种纪念集和他师友、学生写的种种纪念文章，同时也着手写点心得体会。由于我是半路出家，也摸不到研究的门径，所写的文章都是随笔性质的。断断续续近十年下来，所得文字已经不少。2018 年还把其中的一部分出版了两三本小书。2022 年春，中国文史出版社想把朱自清一生的人生经历和创作、研究经历全部呈现给广大读者，我又利用半年时间，把这些文字进行修订和补充，以"朱自清的踪迹"为线索，分为六个部分，即《从海州到北大》《奔波在江南》《清华园里尽朝晖》《游学欧罗巴》《西南联大日月长》《休假在成都》，单独成书。但由于本人水平有限，研究不深，不免会有各种错误，希望读者朋友不吝赐教。如有机会再版，一定补充完善。

需要说明的是，本书参考文献较多，引文中所引的朱自清的文字，均出自《朱自清全集》（江苏教育出版社 1988 年版陆续出齐），对于朱自清文章中的一些异体字和假通字以及原标点等照原样予以保留，比如"象""底""勒""沈弱""气分""甚么""晕黄"等，特此说明。

2022 年 9 月 18 日于北京像素

目 录/ CONTENTS

附　录

成都的家

1940 年 5 月 8 日这天，朱自清给梅贻琦写信，请求在国内休假研究，并呈送了研究计划。朱自清在信中做了详细汇报："清自第一次休假后，迄今已满八年，兹拟请求于下年度在国内休假研究，谨将研究计划陈述如次。窃中国文学范围内，'散文（包括骈、散二体）之发展'一题目，现在尚无专门研究之人。坊间虽有《散文史》《骈文史》等书，类皆仓卒成编，以抄撮故言为能事，不足语于著述。清年来对此题目甚有兴趣，拟从历史及体式两方面着手。关于历史方面，已作短论三篇，附陈台察。下年度若能休假，拟专研究上古（至汉初）时代散文之发展。并拟有分题两种：一、说'辞'（包括'知言'等项）。二、说'传'、'注'、'解'、'故'。此两分题，拟各成论文一篇。此外拟分类搜集材料，录为长篇，随时研究……"

也正是在朱自清申请休假的这个时候，昆明的供给发生了大困难，原因是日本压迫英国封锁了滇越路和滇缅路，切断了中国从海外输入战时物资的唯一通道，首当其冲的就是民众生活受到了重大影响，昆明物价飞涨，教授生活纷纷陷入贫穷状态。为了支持抗战，朱自清和联大教授的工资，均不能足额领取，朱自清只领百分之八十多。而朱自清本人的工资在教授中也不高，据姜建、吴为公所著的《朱自清年谱》中透露，1938 年 7 月至 9 月的薪俸表上，陈寅恪工资为 480 元，实领 351 元；罗常培 400 元，能领 295 元。朱自清比他两人都少，只有 360 元，实领 267 元，比刘文典、闻一多、郑奠、罗庸都低。所以，朱自清的日记中，常有借款的记录，如1940 年 3 月 25 日，就向好友吴宓借了 200 元。突然间物价飞涨数倍，钱如废纸，朱自清的经济更加的困难了。为了节省开支，也为了让家人过得更好一些，朱自清决定把陈竹隐和乔森、思俞安排回陈竹隐的老家成都赁屋居住。1940 年 5月，陈竹隐带着孩子们经历长途迁移回到成都，在亲戚的帮助下，租住在东门外宋公桥报恩寺后院三间没有地板的简陋小草房里。

朱自清俟到暑假临近，准备动身赴蓉时，经济实在周转不开，便于 1940 年 7 月给梅贻琦写信，向校方预支款项，信曰："顷拟赴四川成都，在彼住一年，休假研究工作，即拟在彼进行。起身在即，川资尚有不敷，拟恳准予预借七月份薪金，俾克成行，至为感谢！又前者请求国内休研究函中，曾附带请求学校给予抄写费五百元，业蒙评议会通过。此项抄写费用，原拟论件计值，随时向会计科支付，惟清既赴川，零星支取，恐双方终有未便。拟恳通融办理，准予先行支领。俟明年回校时，再将书手收据汇交会计科清结，是否可行，即候卓裁，为幸！"7月16日，又写信给秘书长，请求将休假期间的工资直接寄到成都，信曰："清在休假研究期间，拟往成都小住一年。每月薪金拟请嘱清华会计科直接寄下，俾可早日应用。若由联大领取，恐稽迟时日，有青黄不接之虞。至希惠允。又此项薪金，并乞嘱会计科于每月末一星期汇寄。倘承许可及会计科同仁帮忙，尤深感荷。至收据盖章，已请许骏斋先生代为办理，并请转告会计科，为幸。"两封信都署"朱自清谨启"。7月18日，朱自清动身赴成都。

全国各地叫报恩寺的很多。成都西门外宋公桥的这座报恩寺是一座尼姑庵，规模并不气派，坐南向北。东门内有一口老井，井旁有一棵老柳树。寺内一侧另有传统的两进庭院，前院住着一些贫苦百姓和逃亡来的人家。穿过前院可见几丛竹林和几棵橘树。朱自清家所住的房子在竹林的边上，是新搭建的三间茅草屋，泥土地，竹篱泥巴墙，房子较矮，室内阴暗潮湿，冬冷夏热。朱自清在国内的休假研究得到批准后，于1940年7

月 18 日从昆明动身赴成都，经过一路奔波，于 8 月 4 日到达家中，与陈竹隐和孩子们团聚。

叶圣陶在《西行日记》里描写过朱自清家的寒酸而窘迫的情景，那是 1940 年 11 月 16 日，朱自清的小女儿容隽刚出生两三天，朱自清正在家忙碌着，忽听有人叩响了小院的柴门。一看，朱自清十分惊喜，原来是叶圣陶！好朋友驾到，而且是第一次到朱自清家来，自然要招待酒饭。叶圣陶在日记里写道："佩弦所赁屋简陋殊甚，系寺中草草修建以租于避难者也。其夫人产后尚未起床，儿女均在学校，佩弦管理家务似颇耐烦。杂谈无条理，而颇慰数年来阔别之怀。"朱自清亲自下厨，做了顿饭菜，还喝了酒，叶圣陶形容为"不下于茅台"。喝了酒之后，又兴致很高地去了望江楼。对于望江楼，叶圣陶在日记里继续说："余前两次来成都未游览。其处布置竹树房屋，雅整朴素。……在楼上坐片（刻）时，静寂之趣，足以欣赏。"1940 年 11 月 20 日，叶圣陶又到朱自清家，这次聊得较深，朱自清还把近年写作的《古典常谈》（出版时改《经典常谈》）拿给叶圣陶看。叶圣陶在《西行日记（上）》里说："观其所作《古典常谈》稿数篇。杂谈一切，甚觉惬心。佩买花生一堆，出其葡萄所泡大曲，余饮三小杯。四时半，同入城，且行且谈。不觉甚远。至雪舟所，六时，共饮绍酒，甚畅适。"本年 12 月 6 日，叶圣陶再来朱自清家，叶圣陶日记说：

"早餐后，乘车出东门到佩弦所。彼作稿方于昨日完毕。观其所作关于胡适《谈新诗》、柳宗元《封建论》两篇之讲解。略有商讨，切磋至快。全书《例言》亦有佩弦做成。《精读指导举隅》于是告成，后日可交与郭君矣。"一直聊到中午，自然又在朱自清家喝了酒。这时候陈竹隐还在"月子里"，估计还是朱自清亲自弄了几个小菜，喝着谈着，不觉又到下午四时。叶圣陶日记继续写道："偕步行入城，访春熙路各书局，代人买书。……偕佩弦返雪舟所，与雪舟、月樵及张、林二君共饮，酣适殊甚。"

朱自清在二十天的时间内，三次在家接待来访的叶圣陶，两个人交谈都极为投机。第一次，朱自清随便拿出的酒，在叶圣陶喝来，简直胜过了茅台——这不是因为酒好，是两个人的脾胃太相投了，相聊太开心了，喝什么都成了"茅台酒"。后两次不但在朱自清家吃了午饭、喝酒，还意犹未尽，步行入城，且走且谈，两个老友真是有说不完的话啊，仿佛要把阔别多年未说的话叠加到一起一次说完似的，每次都是再一路谈说两三个小时，再到章雪舟住所和朋友共饮，不是"甚畅适"，就是"酣适殊甚"，这不仅是叶圣陶的感受，也一定是朱自清的感受。

久别重逢，加上工作上合作开心，使两位老友一下子焕发了青春，都干劲十足，不但在很短的时间内完成了《精读指导举隅》，还很快商定了《略读指导举隅》目录和各人所承担的篇目，这也是在朱自清家商定的，时间是 1941 年 2 月 6 日。朱自清家租住的成都西门外宋公桥报恩寺的三间简陋的茅草房，一时间成为朱叶二人清谈、喝酒和谈工作的场所。也是在 6 日这天上午，朱自清在家收到一笔"巨款"，这便是受郭子杰嘱托，由叶圣陶带来的一笔 200 元的稿费，朱自清当天的日记记曰："此举出乎意外，当即对郭及圣陶表示感谢。实际上这只是预支稿费罢了。"朱自清还赠送了酒与茶给叶圣陶。这天的叶圣陶日记里，有同样的记录："出东门，而至佩弦家。欢然倾谈，殊快。君示余萧公权《辛巳元日七律十首》。复商定《略读指导举隅》选用书九种。今后将与君合作此册矣。饭时，佩弦夫人制馔，馂余以桂圆所泡之大曲。二时，与君渡江，入望江楼，游行一周，在竹林下品茗。三时半为别。"这一次终于吃到陈竹隐做的菜了。依然是酒后谈兴很浓，还渡江去望江楼边走边谈，再喝一个半小时的茶方才分手。

在成都的家虽然简陋、逼仄，但夫人、孩子都好，因为毕竟在大后方有栖身之地（虽然也时有日寇飞机来袭扰），有可以安放书桌的地方，让朱自清的心情大悦，加上没有教学任务的烦累，又有和好朋友的愉快合作和诗友的倾情唱和，朱自清的研究和写作的效率都非常高。

招待梅贻琦

　　还在1940年7月18日朱自清从昆明出发赴成都、开始为期一年的休假研究时，就于途中（19日）写作了一篇短短的杂论，名曰《清华的民主制度》。这篇文章发表在本年9月的《清华校友通讯》第6卷第9期上。该文是纪念梅贻琦校长和清华关系达二十五周年而专门写作的纪念性质的短文，文章高度赞扬了梅贻琦领导清华以来的民主的治校作风，呼吁大家"同心协力来支持"爱护清华的民主机制和传统。朱自清深有感触地说："在清华服务的同仁，感觉着一种自由的氛围气；每人都有权利有机会对学校的事情说话。这是并不易得的。"又说：梅贻琦校长"使清华在这七八年里发展成一个比较健全的民主组织，在这个比较健全的民主组织里，同仁都能安心工作，乐意工作。他使同仁觉着学校是我们大家的，谁都有一份儿"。朱自清的文章并不是那种肉麻的夸奖，而是专取一点，即民主的校风，民主的机制，民主的管理，来说明梅贻琦领导清华的方法，也是清华能成为名校的法宝。

1940 年 8 月 10 日，朱自清回到成都的家中不久就给梅贻琦写信，告之一路上的行状和风景："公路旅行，常较飞机辛苦。但清亲身所历，尚不致太苦。车中座位，均尚宽舒，途中旅店、食宿亦尚可人意。清所依投均中国旅行社所办之招待所。缘招待所或已人满，或距车站过远，不便前去。若得住招待所，当更佳也。"信中还谈了路过重庆时，对陪都遭遇日军轰炸时的印象。朱自清接着又写了对成都的印象："日到蓉，蓉市风光繁盛，地域恢宏，确有似北平处。近时物价上涨甚速，日来且有购米不得之苦。但日常生活仍较昆明舒适甚多。惟自昆明来，旅费所需殊不赀耳。日前教育厅长郭子杰君托友人示意，欲聘为特约专员，帮助专员叶圣陶君计划推行国语教育事宜。此系顾问性质，并无办公时间，只偶尔开会。……清以须请示校方，方可决定，尚未应诺。"梅贻琦虽是校领导，朱自清却一直把他当作朋友，梅贻琦也同样坦诚以待，所以在信中不仅说了些日常琐事，主要的，还说了协助叶圣陶"推行国语教育"并能得到校领导同意之事。

从后来的结果看，梅贻琦是同意朱自清的请示的，至少是默许的。

朱自清在信中向梅贻琦介绍对成都的印象。关于成都的夏天，朱自清后来还写了一篇散文，名曰《外东消夏录》，文中分"引子""夜大学""人和书""成都诗""蛇尾"等小标题。在"引子"里，朱自清说"这个题目是仿的高士奇的《江村消夏录》"，但内容却是"谈一些世俗的事"，又调侃地说："这回我从昆明到成都来消夏。消夏本来是避暑的意思。若照这个意思，我简直是闹笑话，因为昆明比成都凉快得多，决无从凉处到热处避暑之理。消夏还有一个新意思，就是换换生活，变变样子。这是外国想头，摩登想头，也有一番大道理。但在这战时，谁还该想这个！我们公教人员谁又敢想这个！可是既然来了，不管为了多俗的事，也不妨取个雅名字，马虎点儿，就算他消夏罢。"朱自清还解释了标题中"外东"的意思："指的是东门外，跟外西，外南，外北是姊妹花的词儿。成都住的人都懂，但是外省人却弄不明白。这好像是个翻译的名词，跟远东、近东、中东挨肩膀儿。固然为纪实起见，我也可以用草庐或草堂等词，因为我的确住着草房。可是不免高攀诸葛丞相，杜工部之嫌，我怎么敢那样大胆呢？我家是住在一所尼庵里，叫做'尼庵消夏录'原也未尝不可，但是别人单看题目也许会大吃一惊，我又何必故作惊人之笔呢？因此马马虎虎写下'外东消夏录'这个老老实实的题目。"在"夜大学"一节里，朱自清议论道："现在百业发展，从业员增多，其中尽有中学毕业或具有同等学力，有志进修无门可入的人。这些人往往将有用的精力消磨在无聊的酬应和不正当的娱乐上。有了大学夜校，他们便有机会增进自己的学识技能。这也就可以增进各项事业的效率，并澄清社会的恶浊空气。"接下来，谈了四川大学所办的夜校："分中国文学、商学、法律三组。法律组有东吴的成例，商学是当今的显学，都在意中。只有中国文学是冷货，居然三分天下有其一，好像出乎意外。不过虽是夜校，却是大学，若全无本国文化的科目，未免难乎其为大，这一组设置可以说是很得体的。这样分组的大学夜校还是初试，希望主持的人用全力来办，更希望就学的人不要三心两意的闹个半途而废才好。"

在"人和书"一节里，朱自清肯定了王楷元的这本小书的书名有"眼光和品位"，又分析认为："人和书，大而言之就是世界。世界上哪一桩事离开了人？又哪一桩事离得了书？我是说世界是人所知的一切。知者是人，自然离不了人；有知必录，便也离不开书。小而言之，人和书就是历史，人和书造成了历史；再小而言之就是传记，就是王先生这本书叙述和评论的。传记有大幅，有小品，有工笔，有漫画。这本书是小品，是漫画。虽然是大大的圈儿里一个小小的圈儿，可是不含糊是在大圈儿里，所叙的虽小，所见的却大。"在"成都诗"一节里，朱自清谈了易君左的一首题曰《成都》的诗。关于易君左，可参看这套书系里的第一辑《从海州到北大》中的相关篇章。朱自清说："成都是中国第四大城。城太大了，要指出它的特色倒不易。"易君左做到了，易君左的诗曰："细雨成都路，微尘护落花。据门撑古木，绕屋噪栖鸦。入暮旋收市，凌晨即品茶。承平风味足，楚客独兴嗟。"接下来，朱自清详细分析了易君左的这首诗，把成都的况味细致入微地表现了出来，最后还不忘和抗战联系起来，认为"在工业化的新中国里，成都这座大城该不能老是这么闲着罢"。关于"蛇尾"，朱自清是觉得，关于成都的夏，并没有写出其特色来，以"引子"起势，摆了那么大的"架子"，竟不觉地"衰竭"了。最后自嘲道："本想写完上段就戛然而止，来个神龙见首不见尾。可是虎头还够不上，还闹什么神龙呢？话说回来，虎头既然够不上，蛇尾也就称不得，老实点，称为蛇足，倒还有个样儿。"这篇文章，虽然写的不是梅贻琦来的这年的夏天，而是写于 1944 年的暑假期间，但抗战时期的成都，人文环境和自然环境变化不大，气候更是基本一致，而 1944 年的暑假回成都，也不过是他移家成都后第二次回家而已。

总的来说，成都给朱自清留下的印象不错，除了正常的工作和研究，有很多从沦陷区迁来的文化机构和大中学校，随之而来的文化名人有不少是他的好朋友，还有地方上仰慕他的各界名流，朱自清和他们也会常常聚饮。这样一来，朱自清突然生活在成都这座休闲的大城市，感觉反而比以前更加忙碌了。

时间很快到了 1941 年 7 月 25 日，朱自清应邓锡侯、王孟甫邀宴，在座的宾客中，就有来成都出差的梅贻琦。

梅贻琦是从眉县出发，经过一连多天的旅行，才于 1941 年 7 月 24 日晚间到达成都的，梅贻琦在日记中有详细的记录："夜间大雨二阵，早起已经晴。5：00 起行，洋车为昨晚另雇者，60 元至成都。"梅贻琦一行，是昨天晚上六时到达眉县县城的，入住在北道旅馆。梅贻琦 24 日日记继续写道："5：30，车夫在北门内早点，乃亦各食水蛋二枚。8：30，彭山县，食早餐。城中见有南华宫，禹帝宫，万寿宫等，盖一大县也。"经一上午旅行，于午后到达旧县。梅贻琦日记曰："1：30 旧县，新津渡过河。灌县以下各河至此汇流，诚一洋洋大观也。新都城山上有楼台点缀风景，应甚佳绝，惜不得停留一览。过江后行沙滩颇长。2：30 在旧县再换车前行，此处距成 40M。5：00 双流县，又换车，其换价仅为五元。路上见道旁所建飞机小库房甚多。8：00 到成都南门公路站，天已大黑，小雨又来，换洋车往城内骡马市投成都招待所，幸得二大房间，虽在三楼，较路所有旅馆已甚整洁舒适多多矣（每间 10 元）。晚饭因天已晚，仅得汤面，各食二碗以当午晚二餐，实则久饿之后，亦不能骤多食也。十点余睡下，夜雨颇凉。"堂堂大学校长的一天，从凌晨五时起床，在四川的山水间狂奔多天，仅转车就有数次，吃饭也不依时，直到晚上八时才到达成都，这股干劲值得钦佩。7

梅贻琦

月 25 日这天，梅贻琦又是访客，又是在宾馆见客，直忙到下午六时半，才去赴邓锡侯、王孟甫的邀宴，二人实际上也是为他接风洗尘。

请客的邓锡侯，可不是一般人物，他是四川名流，也曾是抗日名将，出生于 1898 年，字晋康，四川营山县人，行伍出身。历任护国军营长，川军团长、师长、军长、集团军总司令等职务。他引以为傲的功绩是率领川军出川抗日：抗战爆发后的 1937 年 8 月，在四川境内的陆军由十四个师编为第二路预备军，邓锡侯任第一纵队司令（后称二十二集团军）。9月，出川抗战的各路人马分别在成都和重庆两地集中，准备一路北出剑门，一路东出夔门，奔赴山东、山西抗日前线。9月5日，在成都市举行的有万余人参加的"四川省各界民众欢送出川抗敌将士大会"上，邓锡侯发表了慷慨激昂的演讲，他说："我们四川人是具有爱国传统精神的。黄花岗烈士有四川人；辛亥革命有四川人；护国之役也有四川人。当前国家民族面临生死存亡关头，我们身为军人受四川人民二十余年的供养，当然要拼命争取历史的光荣，藉以酬报四川人民……""我们只有长期抗战，才能取得最后胜利！川军出川以后，如战而胜，当然很光荣地归来，战如不胜，决心裹尸以还！"此后，邓锡侯率部参加了著名的台儿庄会战，取得了卓著的战功。1938年1月，四川政局发生波动，邓锡侯奉调回到汉口，后又回到四川主持川康军务。邓锡侯在四川的威望很高，梅贻琦作为清华大学校长来蓉，邓锡侯当然要尽地主之谊了。

其实，早在1940年10月，朱自清就和邓锡侯有过交集并被邀请在重阳节喝酒，朱自清为此还写了旧诗《重九邓晋康主任招饮康庄》二首记之。诗曰：

> 将军有丘壑，小筑百花潭。
> 松竹自多胜，风流昔所谙。

逢辰集健侣，对酒唱高谈。

异日烽烟静，追思此味醇。

意多嫌世短，况值百端新。

西陆龙蛇起，东夷狐鼠亲。

同心愿久视，戮力靖嚣尘。

国庆明朝又，举杯寿万春。

　　且说 1941 年 7 月 25 日这天傍晚，梅贻琦在日记中说："6：30 至南打金街 99 号赴邓敬康、王孟甫饭约，在彼晤佩弦、李幼春、魏……李秘书长等。酒颇好，为主人及朱、李、宋等强饮约廿杯，微有醉意矣。"这里的邓敬康为邓晋康之误。"强饮廿杯""微有醉意"，也是梅贻琦正常的喝酒状态。梅贻琦好酒，他的日记里关于喝酒的记录有很多次，对酒的优劣也有自己的评价，有几次就有朱自清在座。

　　这次邓锡侯、王孟甫邀宴的第二天中午，即 1941 年 7 月 26 日，朱自清偕夫人陈竹隐在吴抄手邀请梅贻琦吃馄饨，还有其他面食。徐绍元夫妇及子女等多人作陪。可能因为昨天喝了不少酒，晚上还要喝，中午吃馄饨等面食时，就没有再上酒。朱自清这次请吃的吴抄手是成都名食，花费 80 元。晚上的邀宴是郭有守，是一场家宴，梅贻琦、吴金鼎、李蒙通也在邀请之列。这两次吃饭，梅贻琦日记里均有记载，对郭有守的家宴，梅贻琦日记里说："晚饭在郭家，晤黄督学（教部）、吴金鼎、蒙馆长、刘校长及佩弦。饭后邀佩弦同回寓下榻，藉谈国文系问题。"从日记中得知，朱自清这天饭后没有回家，而是和梅贻琦回宾馆同住一晚，主要是谈清华大学国文系的问题。梅贻琦信任朱自清，能在旅行途中还想着国文系的问题，足见朱自清在梅贻琦心目中的分量了。

梅贻琦这次成都之行的宴席还没有结束，1941 年 7 月 28 日晚上，朱自清又在励志社张主席的邀请宴上与他相遇了。梅贻琦日记中说："7：00 至励志社张主席之约。座中有郭、胡二厅长、张凌高、朱佩弦、李景清共十四五人，菜尚清新，但无酒，因张近来已屏绝烟酒也。"这么多人相聚，想必二人没有做什么交流吧。倒是有一次聚会，朱自清可以去而没有去，即 7 月 29 日晚上，清华同学会聚餐，地点在涨漱饭店，会场约有30 人，这么大的一个排场，朱自清又是清华的教授，居然没有被邀请，不知为什么。

梅贻琦在成都的几天，亮点是朱自清请吃吴抄手。吴抄手是成都著名的小吃，在 20 世纪三四十年代的成都很有名，前身是个走街串巷的馄饨担，吃出名气来才开店，后又开分店。可能是名气太大吧，不少冒牌的吴抄手也充斥着成都的街头。朱自清请梅贻琦吃的吴抄手，是不是东城根最有名的那家本店呢？或者是青石桥或三桥的分店也未可知，日记中没有详细记载。但朱自清不会请梅贻琦吃冒牌的吴抄手吧。朱自清知道梅贻琦好喝几杯，虽说前一天晚上喝了 20 杯，依梅贻琦的脾气和酒品，不拒绝连场作战，哪怕晚上还有酒局呢。但朱自清没有请他喝酒，连个像样的馆子都没有去，怕是手头困难吧，虽然花费不少，80 块钱。但吃吴抄手时共有十人，应该也不算多的。午餐没有下馆子而吃吴抄手，可能有三种原因：一种是朱自清太清贫了，他去年一回成都时，就遇到了物价飞涨，且有"购米不得"之苦，还托图书馆学家李小缘代售美元支票，从 1940 年 9 月 2 日起，一直到 10 月 2 日，前后三次致信李小缘，所谈都是那张数额不大的美元支票，看来真是急需要用钱了，至少是手头不宽裕。日记中，还有一天只吃两顿饭的记录，还有"饿得腿软"的记录。而这次梅贻琦来，正好又遇到不宽裕的时候，只能请吴抄手了。另一个可能的原因，是梅贻琦知道朱自清家生活困难，又不能拂朱自清的好意，主动不让朱自清破费，吃吃面食，养养胃，晚上再喝。还有一种可能，就是梅贻琦来到成都，天天有人请大餐，尝尝有名的成都小吃，也是了解成都市井生活的一种方式。

　　一个月后，即 1941 年 8 月 28 日，朱自清致梅贻琦信，报告他一年来休假研究情况，朱自清在信中说："清原定研究计划在先秦散文方面。到此后因书籍不便，只得先行抄集材料，分类排比，暂成长编。论文写完，尚需有待。惟一年中曾写完关于诗之论著三篇，系到此后另行计划者。计《古诗十九首释》七节，约三万字，分载《国文月刊》中（开明出版，联大师院编）。此文系研究古诗十九首各首之意义，根据历代注解，加以抽绎阐明。又为四川教育科学馆著《精读指导举隅》（已印行）及《略读指导举隅》（即付印）各三篇，名为'指导大概'。此二书系供中学教师参考之用。其中有二篇皆关于诗之意义之研究。其一为胡适之先生《谈新诗》篇第五段之指导大概，约一万字，实系借题研究诗之具体性之意义。又一为《〈唐诗三百首〉指导大概》，约二万字，亦系借题研究诗中典故之意义及诗之组织与体制与意义之关系。唯此项研究因取材太狭，只可作为草创耳。清历年授诗，一向注意诗之意义之研究。今乘休假机会，得先写完此数小篇，甚感学校之惠也。至先秦散文发展方面，仍在抄集材料，俟回昆后再加补充整理，俾得早日写成论文。"

休假研究一年来，朱自清取得的成果确实不少，这里还有数篇杂论、散文和大量旧诗没有算上，否则成绩更加可观。

和叶圣陶编撰两种"举隅"

　　两种"举隅"，前文已有介绍，即《精读指导举隅》和《略读指导举隅》。这两种书，是朱自清应叶圣陶之约，共同编著的。

　　朱自清于 1940 年 8 月 4 日到家后，即于第二天和陈竹隐一起去开明书店成都办事处访叶圣陶了。从 1920 年秋在上海中国公学中学部任教时相识已逾二十年的两位老友，分别多年，终于在离乱中的异乡再次相见了，真是劫后相逢，倍感欢欣，执手相看，一时有说不完的话，朱自清即刻邀请叶圣陶和开明书店编辑章雪舟赴东城根品尝特色小吃"吴抄手"。8 月 6 日，叶圣陶、章雪舟又回请了朱自清，在座作陪的有夏承法、冯月樵、王畹香等人，应该都是开明书店办事处有关的人员。就是在这次聚饮中，一直以出版教科书闻名的开明书店同人，向朱自清介绍了开明书店近期的出版计划，希望能和朱自清合作。又在叶圣陶等人的具体提议下，朱自清同意合作写书，这就是后来和叶圣陶一起编撰的《国文教学》和两本"举隅"。

1942年2月，《精读指导举隅》作为四川教育科学馆"国文教学丛刊"之一由四川省政府教育厅印行，3月，复由商务印书馆出版，该书收有朱自清所写的《〈精读指导举隅〉例言》《鲁迅〈药〉指导大概》《胡适〈谈新诗〉（节录）指导大概》和《柳宗元〈封建论〉指导大概》，共四篇。其余各篇由叶圣陶所写。

朱自清在"例言"中首先声明，本书是受四川教育科学馆馆长郭子杰委托而写的，是"专供各中学国文教师参考用"的。其次说明了"本书专重精读指导"，所选六篇文章作为例文，即"记叙文一篇，短篇小说一篇——小说也是记叙文的一种，抒情文一篇，说明文一篇，议论文二篇"。第三是说明了没有选诗歌的原因。第四是指明"前言"是针对中学教师说的。第五是说明各篇的"指导大概"是用教师的口气向学生说的。"我们所注重的是分析文篇，提示问题，因而进行讨论……讨论时自然有许多周折，有许多枝节。但若将讨论的结果写成报告，自然该成为一篇完整的文字。这六篇'指导大概'就是这种报告。倘若各位教师能细心研读我们的报告，能采纳这些报告里分析文篇提示问题的态度和方法，应用在别的文篇的精读指导里，……我们的目的便达到了。"最后，朱自清又谦虚地说："本书各篇，我们虽都谨慎的用心的写出，但恐怕还有见不到的错误。盼望各位教师多多指教，非常感谢！"

事实证明，这本《精读指导举隅》，还是受到教师们的认可的。

余冠英在《介绍〈精读指导举隅〉》的书评中说："各篇《指导大概》皆注重说明例文的体制，主旨，作者意念发展的线索，取材的范围，手法，笔调，及构成特殊笔调的因素；说明各段大意，各段文字在全文中的作用；指出在文章理法上有关系的章节，句，说明其呼应、承转；指出需加注意体味的字句，玩索其言外之意；以及注释较难懂的字、词、句（文言文则特重虚字的解说）。间亦论及作者的思想，创作的背景，论辩的对象等。"又说："此外对于例文所应发挥的意思及例证往往有补充。"

1941 年 6 月 4 日，开始写作《略读指导举隅》里的《〈唐诗三百首〉指导大概》。

1941 年 6 月 21 日，朱自清和叶圣陶相约三次在少城公园见面，都因空袭警报而没有见成，这次终于见上了，朱自清交给了叶圣陶《〈唐诗三百首〉指导大概》，叶圣陶在当天的日记中说："少顷，佩弦至，相左三次，今得会面，殊感欣慰。佩交余《唐诗三百首》指导大概》一篇，长二万余言，详密炎至。"其实，所谓"略读"，和"精读"没有区别，也都详细分析了所选唐诗的本源和逐词逐句的讲解。本年7月下旬，朱自清作《〈蔡孑民先生言行录〉指导大概》。叶圣陶日记中曰："小墨归来，携归佩弦信，并所作《〈蔡孑民先生言行录〉指导大概》，即看之。佩弦看书极能得扼要概念，说来又畅达，余自愧不如也。"后来朱自清又写作了《〈胡适文选〉指导大概》。

《略读指导举隅》由商务印书馆于1943年1月出版，收朱自清所写的《〈略读指导举隅〉例言》《〈唐诗三百首〉指导大概》《〈蔡孑民先生言行录〉指导大概》《〈胡适文选〉指导大概》，共四篇。其余各篇由叶圣陶所写。

和《精读指导举隅》一样，朱自清也写作了"例言"，首先说明该书是供中学国文教师参考所用，其次是举出所选各篇的篇目适合的阅读范围："书中举了七部书作例子。计经籍一种，名著节本一种，诗歌选本一种，专集两种，小说两种。其中《孟子》《史记菁华录》《唐诗三百首》《胡适文选》适于高中学生阅读。《蔡孑民先生言行录》《呐喊》《爱的教育》适于初中学生阅读。"第三是说明该书的"前言"是向各位中学教师说的，认为对于学生的"略读"，至少要做这么些工作。第四是说明"指导大概"是用教师的口气向学生说的。"我们按照'前言'所指出的，对于每一部书，作了指导的实例。这七篇'大概'都是完整的成篇的文字，只因写下来不得不如此，并不是说每指导一部书，就得向学生作一番这样长长的演讲，讲过了就完事。'指导'得在讨论里；每篇'大概'中的每一节，都该是讨论的结果，这结果该是学生自己研求之后，在讨论时间，又经教师的纠正或补充，才得到的。"最后也是谦虚地希望得到教师的批评指正。

叶圣陶在《〈读书指导〉后记》中对这两部书的编辑和出版过程有详细的说明：1940年夏天开始，"我在四川教育科学馆担任专门委员。工作任务是推进中等学校的国文教学。实在没有多大把握，除了各县去走走，参观国文教学的实际情况，跟国文教师随便谈谈，就只想到编辑一套《国文教学丛刊》。丛刊的目录拟了八九种。其中两种是《精读指导举隅》跟《略读指导举隅》，预先没有征得佩弦的同意，就定下主意我跟佩弦合作……他居然一口答应下来，在我真是没法描摹的高兴，于是商量体例，挑选文篇跟书籍，分别认定谁担任什么，接着是彼此动手，把稿子交换着看，提出修正的意见，修正过后再交换着看：乐山跟成都之间每隔三四天就通一回信。一九四一年春天，我搬到成都住，可是他家住东门外，我家住西门外，相隔大概二十里地，会面不容易，还是靠通信的时候多。两本东西写毕，现在记不起确切时间了，好像是在那年暑假过后他回西南联大之后。写的分量几乎彼此各半，两篇'前言'都是我写的，两篇'例言'都是他写的"。

与叶圣陶唱和

　　朱自清在成都一年多的时间里，除了前文着重介绍的《精读指导举隅》和《略读指导举隅》两书内容的写作外，还写了很多文章，有散文、随笔、杂感，如《重庆一瞥》《论诚意》等；有旧体诗词，也是成果最大，曾很有兴致地把在成都所作的旧诗编为一集，题名为《锦城鸿爪》；有论文，如《剪裁一例》《论教本与写作》《撩天儿——语文影之一》《抗战的比喻》等；还和叶圣陶讨论并修改了《经典常谈》，重点写作了长篇论文《古诗十九首释》，计有近 3 万字。在这些工作的间隔中，还数次和朋友聚会，毕竟是休假嘛。但是他的聚会，大多和工作相关，也会在聚会后相互写诗唱和。

　　最让朱自清欣慰和快乐的是，在成都和老朋友叶圣陶的重逢。叶圣陶开始住在乐山，因为开明书店办事处在成都，加上他和四川省教育科学馆有合作，还有好友朱自清这层关系的加持，所以隔段时间就来一趟成都，每次来都和朱自清相见，除清谈之外，也讨论工作、研究学术。有时甚至是专门从乐山来看朱自清。

1941年2月4日，叶圣陶全家从乐山搬到成都，住在新西门外罗家碾王家岗。叶圣陶在日记中说："杜甫诗'舍南舍北皆春水，惟见群鸥日日来'，就是指这一带地方。"

不敢说叶圣陶搬家和朱自清有关，但至少，因为朱自清也在成都，他来回奔跑和朱自清谈说事极不方便，如果就近为邻，会省却很多时间，也更为方便。

就在叶圣陶搬家这天，朱自清横跨整个成都城区，从东门外到西门外，找到了叶圣陶新搬的家。叶圣陶《西行日记（上）》说："忽佩弦坐鸡公车至，云先至陕西街，闻余已迁，追踪而至者。盛情足感，而我家茶水无有，凳子亦稀少，无以款之，少谈数语即去。"

从此，朱自清和叶圣陶就同住一座城市了，这样见面就更为勤快了。1941年3月23日一大早，朱自清来到叶圣陶家，叶圣陶在《西行日记（上）》里说："前约佩弦以今早来此，买一鸡一豚蹄款之。佩弦以十时至，闲谈无序。中午饮酒，尽两瓶，四时去。虽然同处一地而相距甚远，此会亦难得也。"本年4月5日夜，作旧诗《夜坐》二首。朱自清在当天日记里说：

"成二诗书怀，未尽吾意。"诗曰：

挂眼千家黑，娱魂一焰青。

群豗成隔世，瘦影独横经。

日出还生事，天高有铩翎。

狞狞勿相警，微当付沉冥。

吾生为事畜，廿载骨皮存。

圭角磨看尽，襟怀惨不温。

追欢惭少壮，守道枉朝昏。

剩学痴聋老，随缘寐莫喧。

　　第二天，又在日记里说："同圣陶散步，至一茶室，将新成之诗示圣陶。他读余诗后深知余心，但以勿悲观相劝。"叶圣陶也在当天的日记里说：下午"三时，与佩弦自新南门入城，闲行街市，随谈不拘，颇适。又品茗于茶楼而后别"。到了10日，朱自清致萧公权信中说："《夜坐》二章，叶圣陶君及内人均说次章较胜。然首章前半乃弟用力所在。"这几天朱自清诗兴正浓，还是在4月7日的时候，即请叶圣陶看过《夜坐》二首之后，又作了一首旧诗，诗名较长：《圣陶为言今年少城公园海棠甚盛，恨未及观。邃公权见和之作，有"各自看花一畅颜"

语，再叠前韵奉答，并示圣陶》，诗曰：

闭门拼自守穷悭，车马街头任往还。

春讯委蛇来有脚，忧端颎洞欲齐山。

城南锦帐空传道，西蜀名花付等闲。

苦忆旧都三四月，几回绕树笑酡颜。

在写这首诗的时候，朱自清还在日记里说："情绪不好，未做事，时间如潮不待人。"叶圣陶在接到这首诗后，也作了一首《和佩弦》作答。4 月 14 日，朱自清日记云："日常工作，赋诗一首。"诗名为：《圣陶颇以近作多苦言为病，试为好语自娱，兼示圣陶、公权，三叠颜字韵》，从标题上可以看出，这首诗的情绪上，还是承接 6 日那天朱自清请叶圣陶看的《夜坐》，叶圣陶劝他"勿悲观"，所以才有这首明快、提振精神的诗。诗曰：

此生未合恨缘悭，饱阅沧桑抵九还。

天上重开新日月，人间无限好江山。

惊心战士三年血，了事痴儿四体闲。

竟说今春佳气盛，烟尘长望莫摧颜。

叶圣陶是 4 月 20 日收到朱自清的诗的。叶圣陶在这天的日记中说："二官等入城，带回佩弦一信……又示余两首，皆工稳，颇思和之。"4月22日，朱自清写了《近怀示圣陶》五古，该诗历数抗战爆发以来，个人和家庭所遭受的种种磨难，流露出一种沉郁、愤懑的情绪，诗云：

少小婴忧患，老成到肝腑。

欢娱非我分，顾影行踽踽。

所期竭驽骀，黾勉自建树。

人一己十百，遑计犬与虎。

涉世二十年，仅仅支门户。

多谢天人厚，怡然嚼脩脯。

山崩溟海沸，玄黄战大宇。

健儿死国事，头颅掷不数。

弦诵幸未绝，竖儒犹仰俯。

累迁来锦城，萧然始环堵。

索米米如珠，敝衣馀几缕。

老父沦陷中，残烛风前舞。

儿女七八辈，东西不相睹。

众口争嗷嗷，娇婴犹在乳。

百物价如狂，踞蹐孰能主？

不忧食无肉，亦有菜园肚。

不忧出无车，亦有健步武。

只恐无米炊，万念日旁午。

况复三间屋，蹙如口鼻聚。

有声岂能聋，有影岂能瞽？

妇稚逐鸡狗，攫人如网罟。

况复地有毛，卑湿丛病蛊。

终岁闻呻吟，心裂脑为监！

赣鄂频捷音，今年驱丑虏。

天不亡中国，微忱寄干橹。

区区抱经人，于世百无补。

死生等蝼蚁，草木同朽腐。

蝼蚁自贪生，亦知爱吾土。

鲋鱼卧涸辙，尚以沫相呴。

勿怪多苦言，喋喋忘其苦。

不如意八九，可语人三五。

惟子幸听我，骨鲠快一吐。

　　两天后，叶圣陶到朱宅探访，话题转到诗上来，朱自清以这首诗相赠。谈到浓处，索性携茶酒到附近的望江楼，啜茗长谈，继之小饮，欢会难得，日暮始别。望江楼是成都著名的景点，紧挨在锦江边上，是为纪念唐代诗人薛涛而建的，原名崇丽阁，其名取义晋代文学家左思的《蜀都赋》中"既丽且崇，实号成都"中的"崇丽"二字。园内还有"吟诗楼""浣笺亭""五云仙馆""清婉室"等楼阁，历来是文人墨客的向往之地。朱自清和叶圣陶借望江楼而小饮、叙旧，在谈说之余，也受其氛围的影响而诗兴大发。这天的日记里，朱自清还有这样的话："圣陶确有勇气面对这伟大的时代。但他与我不同，他有钱可以维持家用，而我除债务外一无所有。"是啊，朱自清命运偃蹇，途路多舛，又适逢战乱，从小就经历家败，一直以来，承受着扶老携幼的过重担负，内心该郁积多少忧愤和凄苦啊！遇到像叶圣陶这样的知己，满心的话才可以倾吐。

又过三天，叶圣陶还沉浸在望江楼欢饮的情绪中，作《采桑子——偕佩弦登望江楼》记其事："廿年几得共清游，尊酒江楼，尊酒江楼，淡日疏烟春似愁。天生人意逾难问，我欲言愁，我欲言愁，怀抱徒伤还是休。"叶圣陶在这天的日记中写道："上星期六与佩弦游望江楼，意有所怅感，今日作成《采桑子》小词，书寄之。"5月8日夜，叶圣陶辗转难眠，再于枕上成诗：

天地不能以一瞬，水月与我共久长。

变不变观徒隽语，身非身想宁典常。

教宗堪慕信难起，夷夏有防义未忘。

山河满眼碧空合，遥知此中皆战场。

叶圣陶的这首《偶感》，可以说是《采桑子》的演进。5 月
10 日到 12 日，朱自清费时两三日，又作《赠圣陶》诗一首，
并写信给叶圣陶，约在公园茶叙。一时间，诗，成了他们精神
世界和情感世界相互联络的纽带，也是他们在国难当头、艰苦
岁月中砥砺操守和弘扬正气的论坛。诗曰：

平生游旧各短长，君谦而光狷者行。

我始识君歇浦旁，羡君卓尔盛文章。

讪讪向人锋敛铓，亲炙乃窥中所藏。

小无町畦大知方，不茹柔亦不吐刚。

西湖风冷庸何伤，水色山光足彷徉。

归来一室对短床，上下古今与翱翔。

曾无几何参与商，旧雨重来日月将。

君居停我情汪洋，更有贤妇罗酒浆。

嗟我驰驱如捕亡，倚装恨未罄衷肠。

世运剥复气初扬，咄尔倭奴何猖狂。

不得其死者强梁，三年血战胜算彰。

烽火纵横忽一乡，锦城东西遥相望。

悲欢廿载浩穰穰，章句时复同参详。

天地不能以一瞬　水月与我共久长　变不变

偶成

观德隽语身非身　想宁与常敦宗堪慕

信鹜起夷夏有防　义未忘山河满眼珀石空

合远知此中皆战场

圣陶作

朱自清与叶圣陶和诗手迹

百变襟期自堂堂，谈言微中相扶匡。

通局从知否或臧，为君黾勉图自强。

浮云聚散理不常，珍重寸阴应料量。

寻山旧愿便须偿，峨眉绝顶倾壶觞。

　　朱自清创作的《赠圣陶》为古风，长三十六句，深情地叙述了20多年来和叶圣陶的友谊，同时怒斥了日寇的猖狂。该诗从盛赞叶圣陶"谦而先""狷者行"的德行起句，回忆当年在西湖荡舟、于"一师"纵谈的友情。大约是受了《偶感》的感染，朱自清不再愁苦，而是发出了抗争之意，末尾数语尤为铿锵有力。

　　5月12日，朱自清作旧诗《圣陶示〈偶成〉一章，超世而不出世，所感甚深，即次原韵奉答，并效其体》，这天的朱自清日记云："上午归来，写诗给圣陶。我想必须在写诗上多少有些限制。"为什么要限制呢？是写得太勤太多了吗？诗曰：

骑衍谈天识世变，陶公饮菊期年长。

达观无可与不可，日用知常守其常。

破山雷霆响未彻，嚼肤蚊蚋痒难忘。

米盐事殚酸生活，方寸心亦今战场。

5 月 17 日，朱自清赴少城公园鹤鸣茶社等叶圣陶，因空袭警报响起而未能相见。到了 24 日，再次赴少城公园。朱自清在当天的日记中说："在公园遇圣陶，但迟到半小时，他在公园门外的茶室等我，而我在门内。我们评论国内形势。他示我为答赠的诗，写得很好。我给他看吴徵铸的诗，他感到颇有独到之处，非常喜欢。他说吴君之诗是创作，而我们仅仅是因袭。我同意他的看法，他借给我《蔡孑民先生言行录》与《山程》（两本），并给我看他为《爱的教育》所作的序言手稿。"叶圣陶也在当天的日记里写道："午后一时入城，至公园，茗坐待佩弦。三时，佩来。谈近来大局，种种方面，均有我人不知死所之感。继续谈诗，佩示我为其同乡吴君入川词《卜算子》八首，境界别开，得未曾有，共赏叹不置。本相约于今夏峨嵋之游，今资斧弗充，心绪又不甚佳，即此作罢。今生未必得上峨嵋矣。五时半始为别。同处一地而相距遥远，得此一面亦非易也。"叶圣陶的日记里，也流露出伤感情绪了。叶圣陶的这首"答赠"的诗，就是 23 日下午所作的《次韵答佩弦见赠之作》，并在日记中说："步韵总不免勉强，自视仅平平而已，不甚惬意也。"但叶圣陶的诗，还是情深意浓，令人难忘。诗曰：有叙朋友欢聚的："……君谓牢愁暂遁亡，我亦欢然解结肠，细雨檐花意气扬，酡颜不减少年狂。"有论时局和未来的："……屯蒙当前殊穰穰，归欤莫得

少城公园

谁能详？未须白发悲高堂，唯期天下见一匡。"有谈抱负和期望的："……攘夷大愿终当偿，无间地老与天荒。人生决非梦一场，耿耿此心永弗忘。"

　　1941 年 6 月 21 日朱自清、叶圣陶再次在少城公园会面，除了交换文稿之外，还少不了谈家常、话旧友，当然诗词还是他们的主要话题——朱自清把萧公权、吴徵铸、施蛰存三人的旧体诗词给叶圣陶看，朱、叶少不了对三人的诗做中肯的点评。这回闲谈更晚，"至五时半而别"。

1941 年 7 月 15 日这天，朱自清赴叶圣陶家的宴会，在座的有贺昌群。叶圣陶在日记里说："昨夜雨，今晨不止，约昌群、佩弦二兄以今日，恐未必能来。九时许雨成而止……十二时，二兄果然来，大喜。即相予饮酒。饭后闲谈，亦无甚重要话，唯觉旧雨相对，情弥亲耳。"这才是真朋友啊，不一定有什么重要事情，哪怕见上一面，也是快意。但是朱自清 8 月 30 日那次在少城公园绿荫阁茶社约见叶圣陶，心情却有些异样。叶圣陶说："……佩弦至，交换看文稿诗稿，闲谈近况，颇快活。五时，偕至邱佛子吃小酒。佩弦于下月二十日以后至重庆，在重庆候机至昆明。再一二面，即为别也矣。"话中不免流露出惆怅和不舍之情。

一年的休假就要结束了，好像转瞬间，朱自清又要回到西南联大教书了。在朱自清生活的时代中，"著书都为稻粱谋"，对于朱自清来讲，已经是很奢侈的说法了——教书只不过是为了糊口。可悲的是，堂堂大学教授、著名作家，教来教去，著书立说，竟然难以养家，还欠了一屁股的债。看着别人都拖家带口，而他只能把家一分两半，一半在扬州，一半在成都，自己孤身漂泊在昆明。这种况味在朱自清的心中，该会是怎样的一杯苦酒啊！1941 年 9 月 20 日这天，叶圣陶来到朱自清家，以探其行期。叶圣陶日记中说："入门，佩弦方抄书，见余至，出乎意外。云动身当在月杪，又拟水道至泸州，搭西南运输处车辆往昆明。并为言近独游新都桂湖，其地景不凡。旋即饮酒，与留居其家之客周君同饮。……三人尽酒一瓶，食牛肉面，殊为酣畅。下午三时为别，约下星期再见一面。"第二天，即 9 月 21 日，叶圣陶作成二律《成都送佩兄之昆明》，为佩弦送行，诗云：

> 平生俦侣寡，感子性情真。
> 南北萍踪聚，东西锦水滨。
> 追寻逾密约，相对拟芳醇。
> 不谓秋风起，又来别恨新。

> 此日一为别，成都顿寂寥。
> 独寻洪度井，怅望宋公桥。
> 待兴凭谁发？茗园复孰招？
> 共期抱贞粹，双鬓漫萧条。

1941 年 10 月 4 日下午，朱自清最后一次和叶圣陶在少城公园绿荫阁茶社喝茶话别，晚上和章雪舟等人喝酒畅聊。叶圣陶在当天的日记中有较详细的记录："午后二时出门，乘车入城，茗于公园中绿荫阁。少顷，佩弦至，共谈彼此性情学行，颇畅快。此后未易得此乐矣。五时，偕至陕西街，听雪舟谈商界金融界近况，颇惴惴于生活费之益将增高，无以抵付。六时半聚饮，办事处同人而外唯有一月樵而已。余殆饮至一斤，稍觉其多，饮毕，与佩弦郑重握手而别。君言重见时当在抗战胜利之后，愿此言非虚也。"可能是情绪使然，一向克制的叶圣陶居然喝了一斤酒，大约朱自清也没有少喝。两位老友就这样告别了。想起他们执手相握的时候，此情此景，不觉让人泪盈眼眶。几天后的8日，朱自清搭乘小船前往泸州，正式告别了成都和成都的朋友。在顺江而下的船上，念及叶圣陶的送别诗，也作诗二首，曰《别圣陶，次见韵赠》，诗云：

论交略形迹，语默见君真。

同作天涯客，长怀东海滨。

贪吟诗句拙，酣饮酒筒醇。

一载成都路，相偕意态新。

我是客中客，凭君慰沉寥。

情深河渎水，路隔短长桥。

小聚还轻别，清言难重招。

此心如老树，郁郁结枝条。

叶圣陶的这首《成都送佩兄之昆明》，朱自清在编《犹贤博弈斋诗钞》时，也抄录了。

一年的休假结束了。从朱自清日记所记和实际取得的成果看，这哪里是休假，分明是更繁重的工作。一年多来，朱自清在给梅校长的报告中所列举的成绩，不过是他工作、研究的一部分成果，许多计划中的工作和没有完成的工作都没有在列，甚至，可以把他和叶圣陶的交往也看成是工作的一部分——他们之间的思想碰撞，特别在教科书编辑方面的探讨和旧体诗语方面的交流、唱和，难道不是实实在在的工作吗？

关于《古诗十九首释》

　　《古诗十九首释》，是朱自清在成都一年休假研究的重要收获，也是朱自清这次休假研究能拿得出手的成果。因为《精读指导举隅》和《略读指导举隅》毕竟是在帮别人干活，不属于学校的研究项目，《国文创作》充其量也是自己的个人收获。而这一时期的论文或杂论太过短小，旧体诗词更是业余消遣，只有《古诗十九首释》洋洋洒洒近 3 万字的论文并分期发表于《国文月刊》上，才算正经的干货。

　　《古诗十九首》是汉代文人创作的并被南朝萧统选录编入《文选》的十九首古诗。1927 年 6 月开始，朱自清在清华大学开始拟古诗创作时，所拟之诗，就有几首是《古诗十九首》里的，如《拟行行重行行》《拟青青河畔草》《拟西北有高楼》《拟迢迢牵牛星》《拟回车驾言迈》《拟凛凛岁月暮》《拟孟冬寒气至》

等。可以说对《古诗十九首》已经熟背在心。又经过多年的历练，可以说已经胸有成竹。

1941 年 2 月 16 日，朱自清所释的《古诗十九首（一）》发表在《国文月刊》第 1 卷第 6 期上。该篇重点分析了《行行重行行》。朱自清关于《古诗十九首》的研究，是分段进行的，共分九节，分次发表在《国文月刊》上。

朱自清在《古诗十九首》的"引言"里开宗明义："诗是精粹的语言。因为是'精粹的'，便比散文需要更多的思索，更多的吟味；许多人觉得诗难懂，便是为此。但诗究竟是'语言'，并没有真的神秘；语言，包括说的和写的，是可以分析的；诗也是可以分析的。只有分析，才可以得到透彻的了解；散文如此，诗也如此。"这就是要释《古诗十九首》的意义了，同时呢，"帮助青年诸君的了解，引起他们的兴趣，更注意的是要养成他们分析的态度"，也是非常重要的。因为，"只有能分析的人，才能切实欣赏；欣赏是在透彻的了解里。一般的意见将欣赏和了解分成两橛，实在是不妥的。没有透彻的了解，就欣赏起来，那欣赏也许会驴唇不对马嘴，至多也只是模糊影响"。接下来，朱自清简要说明了为什么要以《古诗十九首》为分析的对象，主要是两个原因，"一来十九首可以说是我们最古的五言诗，是我们诗的古典之一。所谓'温柔敦厚''怨而不怒'的作风，三百篇之外，十九首是最重要的代表。直到六朝，五言诗都以这一类古诗为标准；而从六朝以来的诗论，还都以这一类诗为正宗。十九首影响之大，从此可知。二来十九首既是诗的古典，说解的人也就很多。古诗原来很不少，梁代昭明太子（萧统）的《文选》里却只选了这十九首。《文选》成了古典，《十九首》也就成了古典；《十九首》以外，古诗流传到后世的，也就有限了。唐代李善和"五臣"给《文选》作注，当然也注了《十九首》。嗣后历代都有说解十九首的，但除了《文选》注家和元代刘履的《选诗补注》，整套作解的似乎没有。清代笺注之学很盛，独立说解《十九首》的很多。近人隋树森先生编有《古诗十九首集释》一书（中华版），搜罗历来《十九首》的整套的解释，大致完备，很可参看"。基于如此等等情况，朱自清要自己做一个符合现代人阅读的注本，来供读者能更好地阅读和理解《古诗十九首》。

在 2 月 16 日发表的第一节里，朱自清重点注释了《行行重行行》一首。只从所注引用的书籍，就看出朱自清是下了大功夫的，如《楚辞》《广雅》《毛诗》《西京赋注》《韩诗外传》《盐铁论·未通》《吴越春秋》《古乐府歌》《古杨柳行》《小雅》《史记·外戚世家》《饮马长城窟行》等。不仅是对于诗句中所涉的内容追究其源头，重要的，还在于缕析部分，这可以说是别的《古诗十九首》注释所没有的。朱自清开头就说："诗中引用《诗经》《楚辞》，可见作者是文人。'生别离'和'阻且长'是用成辞；

前者暗示'悲莫悲兮'的意思，后者暗示'从之'不得的意思。借着引用的成辞的上下文，补充未申明的含意；读者若能知道所引用的全句以至全篇，便可从联想领会得这种含意。这样，诗句就增厚了力量。这所谓词短意长；以技巧而论，是很经济的。典故的效用便在此。'思君令人老'脱胎于'维忧用老'，而稍加变化；知道《诗经》的句子的读者，就知道本诗这一句是暗示着相思的烦忧了。'冉冉孤生竹'一首里，也有这一语，歌谣的句子原可套用，《十九首》还不脱歌谣的风格，无怪其然。'相去'两句也是套用古乐府歌的句子，只换了几个词。'日已'就是'去者日以疏'一首里的'日以'，和'日趋'都是'一天比一天'的意思；'离家'变为'相去'，是因为诗中主人身份不同。"如此洋洋洒洒，引经据典，把对这首的理解，用流利的白话，组织成一篇全面的释文，就是对古诗没有了解的人，读了他的释文，也能读懂《行行重行行》这首诗并对这首诗的沿革和对后世产生影响的路径搞得明明白白了。

1941年3月26日，朱自清写作的《古诗十九首释（三）》完稿，用时九天，发表于本年度的《国文月刊》第1卷第8期上，该文重点分析了《今日良宴会》和《西北有高楼》二首。5月8日，完成《古诗十九首释（五）》，发表于本年7月16日出版的《国文月刊》第1卷第9期上。该文重点分析了《涉江采芙蓉》和《明月皎夜光》二首。5月16日，《古诗十九首释

（二）》发表于《国文月刊》第 1 卷第 7 期上，该文具体分析了《青青河畔草》和《青青陵上柏》二首。在成都休假的一年多时间里，朱自清其实一直都在做和旧诗有关的事，一个是关于《古诗十九首》的研究和写作，另一个就是不间断地创作旧体诗词，在创作旧体诗词的过程当中，必定会涉及相关古典文学，特别是古典诗词方面的知识；而关于《古诗十九首》的研究，正好又很好地补充他在实际创作中会遇到的各种问题，两方面相辅相成，互相促进。所以，浦江清才欣赏并认为朱自清这一时期的许多唱和之作，是他旧体诗的一个重要成果，不是没有原因的。

而事实上，朱自清也确实把他的《古诗十九首释》当作一年休假研究的重要成果上报校方。1941 年 8 月 28 日，朱自清在致梅贻琦的信中说："……计《古诗十九首释》七节，约三万字，分载《国文月刊》中（开明出版，联大师院编）。此文系研究古诗十九首各首之意义，根据历代注解，加以抽绎阐明。"

《古诗十九首释》全篇共九节，第八、第九两节重点研究的是《冉冉孤生竹》和《庭中有奇树》。

和萧公权唱和

除了和老友叶圣陶和诗外，朱自清与另一位老朋友萧公权也有多次见面和和诗。朱自清在编辑《犹贤博弈斋诗钞》时，专门写了一节，曰："则有萧君公权者，投以生朝之作，触其中路之悲，于是翰墨相将，唱酬无致，诗简往复，便尔经年，古律参差，居然成帙。"在说到自己写诗的目的时，又说："忆云生云：'不为无益之事，何以遣有涯之生？'曩者退食自公，逢场作戏，斗叶子于斗室，结胜侣于名区。尔则萧条穷巷，难招入幕之宾；羞涩阮囊，莫办寻山之具。惠而不费，惟游戏于文章；应而相求，庶胙鼋其声气。于是飞章叠韵，刻骨攒眉，渐知得失之林，转成酸苦之癖。自后重理弦歌，不废兹事。惟是中年忧患，不无危苦之词；偏意幽玄，遂多戏谑之类，未堪相赠，只可自娱，画蚓涂鸦，题签入笥，敢云敝帚之珍，犹贤博

萧公权

弈之玩云尔。"这里的"萧君公权",即萧公权。

萧公权是江西泰和人,出生于1897年11月29日,原名笃平,自号迹园,笔名君衡。1918年考入清华学校高等科,五四运动中,曾参与创办《民钟日报》。1920年赴美留学,先后就读于密苏里大学、康奈尔大学,主修政治哲学,1926年以论文《政治多元论》获康奈尔大学博士学位后回国。先后(或同时)任教于国民、南方、南开、东北、燕京、清华等大学,1932年在清华讲授《宪政与民主》。朱自清和他不仅是清华大学的同事，也是好友。抗日战争时期，萧公权任光华大学、四川大学教授。朱自清到成都休假研究时，恰逢萧公权43岁生日，便作诗三首，请朱自清欣赏。朱自清读后，即作诗和之，诗名为《公权四十三岁初度，有诗见示。忝属同庚，余怀枨触，依韵奉酬》。诗曰：

卅年今见海扬尘，劫里凭谁问果因？
猿鹤沙虫应定分，白云苍狗漫疑真。
荆榛塞眼不知路，风雨打头宁顾身。
安得巨灵开世界，再抟黄土再为人。

堂堂岁月暗消磨，已分无闻井不波。
八口累人前事拙，一时脱颖后生多。
东西衣食驴推磨，朝夜丹铅鼠饮河。
剩简零编亦何补？且看茅屋学牵萝。

与君难得旧相知，贻我连篇慷慨辞。
尽有文章能寿世，那教酒脯患无赀。
书生本色原同病，处士高风凤所迟。
咫尺城闉艰一面，天寒日短苦萦思。

萧公权在《问学谏往录》里，说到与朱自清在成都的这段交往，由衷地说："我毫不迟疑地说，他是我学诗过程中最可感谢的益友。他赞许我的许多话，我虽然极不敢当，但经他屡次指点出诗中的甘苦，我学诗便有了显著的进步。"浦江清在《朱自清先生传略》里，谈及朱自清这一时期的诗作，也说："暇居一年，与萧公权等倡酬作旧诗，格律出入昌黎、圣俞、山谷间，时运新意，不失现代意味。"叶圣陶 1940 年 12 月 24 日日记云："晨得佩弦书，抄示所作《普益图书馆记》及和萧公权诗三首……佩弦和作，如'荆榛塞眼不知路，风雨打头宁顾身'，'八口累人前事拙，一时脱颖后生多'，'尽有文章能寿世，那教酒脯患无赀'诸韵，亦可诵。"

　　1941 年 3 月 8 日，写作旧诗《得逖生书作，次公权韵》二首。这里的"逖生"，即浦薛凤，曾和朱自清是清华、联大的同事（参看本书《和诗浦薛凤》一文）。朱自清在这天的日记中说："过去从来没感到饿过，并非夸耀不知饥饿为何物。但是现在一到十二点腿也软了，手也颤了，眼睛发花，吃一点东西就行。这恐怕是吃两顿饭的原因。也是过多地使用储存的精力的缘故吧。"为什么一天只吃两顿饭？还是为了节省开支。再工作一整天，到午夜十二点感到饥饿当然属正常了，不要说一天只吃两顿饭，就是吃三顿饭，到了午夜也会饿啊，也会透支体力啊。朱自清不是不知道这些，但凡日子好过一些，谁又会自己饿自己呢？第二天，即 3 月 9 日，朱自清日记说："昨夜赋诗二首和萧君。今天为此不足道的成绩颇为兴奋。将这两首诗写给浦与萧。"诗曰：

> 见说新从海上回，一时幽抱为君开。
>
> 彩衣逶迤归亲舍，絮语依微傍镜台。
>
> 岂肯声光闲里掷，不辞辛苦贼中来。
>
> 匹夫自有兴亡责，错节盘根况此才。
>
>
> 里巷愔愔昼掩扉，狂且满市共君违。
>
> 沐猴冠带心甘死，逐鹿刀锥色欲飞。
>
> 南朝纷纷丘貉聚，日星炳炳爝光微。
>
> 沉吟曩昔欢娱地，犹剩缁尘染敝衣。

1941 年 3 月 16 日，朱自清赴光华大学访赵守愚、萧公权。朱自清在当天日记中说："上午到光华大学访守愚及公权。守愚检查肾脏，结果尚不知道，菜甚好。尤其谈话甚有趣。公权告寅恪已就任香港大学教授，雨僧到浙江大学。"又说："到俞家湾访张仲铭不遇。步行归家。日光直射，颇感温暖。疲倦。"晚上，朱自清即写了一首诗，名曰《过公权守愚郊居》。诗曰：

春城如海不关渠，乘兴来寻二仲居。

宿疾萦心筋力在，盘餐兼味笑谈馀。

爬梳旧梦颜能驻，拊掌时流习未除。

世变几人相响沫，清言胜读十年书。

    想起几天前因一天只吃两顿饭的缘故，半夜里常被饿得眼睛发花、腿发软的经历，这次在老朋友家算是改善生活了，一句"菜甚好"表达了朱自清的心情，再加上"清言胜读十年书"般的笑谈、开心，用叶圣陶惯常的表达方式，就是"颇快活"。该诗首句出自宋朝杨万里的《题王晋辅专春亭》中的"洛阳城里花如海"之句；元朝黄清老的《丁卯及第归和揭经历见贺诗》也有"春城如海花满园"之句。这里的"渠"，指"他"。"不关渠"意为与他无关。宋朝陆游在《雪中寻梅》诗中有诗句曰："正是花中巢许辈，人间富贵不关渠。"诗中的"二仲"，指汉朝人羊仲、裘仲。《初学记》卷十八引汉朝赵岐《三辅决录》云："蒋诩字元卿，舍中三迳，唯羊仲裘仲从之游。二仲皆推廉逃名。"从这之后，"二仲"便泛指廉洁隐退之士了，这里指赵守愚、萧公权二人。下句中的"兼味"，指两种以上的菜肴。唐朝杜甫的《客至》诗中有"盘飧市远无兼味，樽酒家贫只旧醅"之句。"拊掌"的典故出自《三国志》的《太史慈传》中的"果如期而返"的注引《江表传》，云："(孙)策拊掌大笑，乃有兼并之志也。""时流"即"时人"，此句意为月旦人物、谈论时人时拊掌大笑的习气不改。诗中的"呴"，即"沫"。《庄子》有句云："泉涸，鱼相与处于陆，相呴以湿，相濡以沫，不如相忘于江湖。"意为鱼与鱼以吐沫互相湿润维持生命。后来比喻人同处困境中而互相帮助。

1941年3月29日，朱自清日记云："昨晚欲寄孙一诗，今晚始成，很费劲。"这里的"孙"即孙国华，字小孟，山东潍县人，美国俄亥俄州立大学心理学硕士、博士学位，曾任清华大学心理学教授，与朱自清有同事之谊，1941年在四川白沙前国立编译馆任编辑。这首《寄小孟，次公权韵》诗曰：

> 贫病相寻意兴悭，栖栖倦翮未飞还。
>
> 屠龙手有风云气，戴笠人逢饭颗山。
>
> 百岁客居当贵我，一官匏系且偷闲。
>
> 君房语妙兼天下，伏枕维摩应解颜。

朱自清在编辑《犹贤博弈斋诗钞》时，还抄录了萧公权的《寄小孟白沙来书云病中辍吟咏》诗：

> 分首经冬聚首悭，春来喜得雁书还。
>
> 庭花红满高低树，窗影轻浮远近山。

静到无言中有乐，病能养性正宜闲。

遥知安卧成清福，此是神方好驻颜。

　　朱自清在日记中说写这首诗"很费劲"。查那几天朱自清的日记，3月26日那天，朱自清一连花了九天时间写作了《古诗十九首释》第三节，加上写作中间还加塞其他事情，如19日赴金拾遗夫妇邀宴、22日赴刘云波邀宴、23日赴新西门外王家岗访叶圣陶、24日赴清华附中做"作文的规范"的演讲等，又游草桥寺、文殊院，过于忙碌了，其间如有一件事不顺心都有可能影响到写诗，"费劲"也就不奇怪了。到了4月15日，朱自清知道成都有"作舞会者"，想起了清华园旧事，也想起了孙国华当年在清华园舞会上的风采，又作诗一首"戏柬小孟"，诗曰："裙屐蹁跹迹已陈，频年判袂走风尘。逢场作戏童心灭，逐处为家白发新。病起应嗟髀上肉，路遥难共蜀西春。华园旧侣多才艺，馀事成诗亦胜人。"

　　1941年4月16日，朱自清作《公权寄示〈呓语〉二章，叠颜字韵奉答》，诗曰：

信有高言破众悭，飘然尘外羽衣还。

旧乡临睨惶中梦，云气低徊海上山。

炊熟尽成无量劫，河清能得几生闲？

螳蚰只解贪朝暮，岳岳儒冠照苦颜。

朱自清在编《犹贤博弈斋诗钞》时，附录了萧公权的《呓语》二章，诗曰：

宰世休疑造物悭，辽东曾是令威还。
曹腾异梦三分日，旖旎残春六代山。
烛妲青楼歌席换，沙沉白骨战场闲。
湘累何苦传天问，未抵芳醪发悴颜。

无须高论谴梁陈，怨鸟终填海作尘。
禹域奔狼胡运短，昆阳起凤汉仪新。
称心仙果三千岁，弹指澄波五百春。
深惜放翁赍恨没，灵山未学养形人。

朱自清写成这首诗之后，于第二天，即4月17日，把在成都创作的旧诗集为一册。当天的日记云："用三小时的时间集成《锦城鸿爪》手册一卷。"

多年以来，许多研究朱自清的专家、学者和读者，都是从朱自清日记中知道有这一卷《锦城鸿爪》的，却没有见到其尊容。一般以为，它和朱自清散佚的其他手稿一样，再也没有重见天日的时候了。未承想，事情突然有了转机。在朱自清集成《锦城鸿爪》的80年后的2021年7月29日晚上，我突然接到一个陌生人的电话，对方告诉我他叫刘欣，是四川成都某高校的退休教师，他发现了朱自清亲自手订的《锦城鸿爪》，不是一册，而是三册。我听了异常欣喜，立即互加了微信。刘欣先生也把《锦城鸿爪》的照片拍给我看，原来是三册旧报纸裁剪后订起来的，三册共一百五十页，除粘贴有朱自清自己创作的旧体诗手稿外，还有叶圣陶、萧公权、潘伯鹰、浦薛凤等人的诗稿、信札原件，十分珍贵。每册上有朱自清亲笔题签的"锦城鸿爪"，可惜日记中所记的第一册（即"手册一卷"）题签遗失了，只留下痕迹；第二册题签形式为四字方排，"印章"体，边款落"卅年四月"和"二册"字样；第三册题签为横写，下落"第三册"。第三册合订的报纸有清晰的报眉，为《儿童日报》，出版时间为"中华民国三十六年十二月十四日"。据收藏者刘欣研究，第二册和第一册相距的时间应该不久，所用都是4月的《新新新闻报》。朱自清于1946年暑假后率全家回北京前，把前两册《锦城鸿爪》赠给了余中英的妻侄朱之彦。余中英其妻朱红梅亦和陈竹隐是闺蜜好友。朱自清到北京不久后，又辑录成第三册。因其中有余中英《题白石山翁为墨志楼主万里归帆图》，墨志楼主即为余中英。1947年至1948年，余中英公子余鸿基在清华读书，托朱自清照顾。《锦城鸿爪》第三册由余鸿基带回或寄回成都也未可知（两者都有可能），总之，《锦城鸿爪》全本三册，最后均由朱之彦收藏了。

1941年4月18日，朱自清给萧公权写信，谈萧公权的诗。很多年后的1971年3月1日，朱自清的这封信，由身在台湾的萧公权辑录在其文章《朱佩弦和其他诗友——问学谏往录之十四》一文中，发表在台北《传记文学》第18卷第3期上。4月25日，朱自清日记云："写诗一首赠萧君。"诗名曰《公权寄和近作，辞意新警，感慨遥深，雒诵再三，情难自已。辄取诗中语成《明镜》一章，倒叠颜字韵奉酬》。萧公权寄和的近作为："碧落红尘分两悭，游仙梦破叹生还。天流妖火焚旸谷，地涌狂泉拍阆山。蚁酒不成千日醉，鹤丹虚费十年闲。磨砖纵可为明镜，换尽清都别后颜。"朱自清的诗曰：

> 繁霜压鬓换朱颜，千里鱼行岂自闲。
> 仰屋有人馀作茧，埋忧无计只看山。
> 苍天板板高难问，白水滔滔逝不还。
> 炙輠凭教劳笔舌，镜中争奈带围悭。

1941年4月30日，朱自清作《初作长句，寄示公权求教，戏胜一绝。新词变体学《离骚》，公权定风波句也》。所谓初作长句，是指28日写作的另一首诗，即《逖生来书，眷怀清华园旧迹，有"五年前事浑如一梦"语，因成长句，寄逖生、化成》，诗写成后，朱自清意犹未尽，"寄示公权求教"的同时又"戏縢一绝"给"公权定风波句也"。诗曰：

敢云变体学《离骚》，长句初成笔颤毫。
举鼎自知应绝脉，先生有兴肯吹毛？

1941 年 5 月 9 日，朱自清作《再叠颜字韵答公权戏赠之作，兼谢观澄先生》。这里的"观澄先生"，其人不详。这首诗是萧公权所作《佩弦投长篇欲和未能寄此解嘲》后，朱自清赋此奉答：

梧鼠心知五技悭，抛砖好语掷珠还。
天孙锦美针无迹，笔阵图成篑覆山。
秩秩足音传谷响，啾啾蚓唱倚身闲。
忽闻匠石求樗栎，只供狂酲一赧颜。

萧公权在接朱自清此诗后，再次作《佩弦步韵见和复呈一章时佩弦将移讲滇中》作答。真是来来往往好不热闹。

1941 年 6 月 3 日，朱自清作《公权寄示戏赠小孟之作，即次其韵》。朱自清次日日记云："昨晚写诗一首，寄公权及小孟。"诗云：

> 萧君示我诗，称君得妙悟。
>
> 割爱淡芭菰，并意必我固。
>
> 袈裟欠一领，便欲到圣处。
>
> 尘网苦缠人，身沉孰能去？
>
> 惟君仗慧剑，一决断万虑。
>
> 明镜固非台，菩提亦无树。
>
> 直指见本心，寂然泯去住。
>
> 月华双照烁，惟是眼瞢故。
>
> 风幡各飘摇，惟是心动故。
>
> 见性自相非，得道何须助。
>
> 成亏馀等闲，空有归吐茹。
>
> 卓立示化身，旋看脱顽痼。
>
> 嗟我斗筲人，愁心幻如絮。
>
> 衣食横羁锁，沉吟阅朝暮。
>
> 触处成墙面，徘徊不能步。
>
> 安得从君游，俾我忘喜怒。

萧公权"寄示"之作诗名较长，为《小孟来书云：养疴习静，万念俱息，生平最难割舍之淡芭菰，亦戒断。所少者惟袈裟一领耳。戏赠一首》，诗云：

孙公远致书，妙语发玄悟。

意通一指禅，心断无根固。

寄身净室边，寄室山空处。

鲜与世还往，不碍云来去。

本已隔红尘，无由染尘虑。

潜修不坏身，谁辨菩提树？

香火社慵结，天女花无住。

云何不诵经？法炬未然故。

云何不出家？衣钵未传故。

米贵食无肉，苦行天隐助。

奠事嗅旃檀，尽能耐蔬茹。

童颜知可返，岂惟荡沉痼。

我犹安火宅，晨飙翻意絮。

痴顽愧难振，有期是衰暮。

异日重谒公，颓形追健步。

人观老壮殊，兄我公勿怒。

1941 年 6 月 7 日，朱自清该日日记云："公权写诗并安慰我，应感谢之。必须立即写两首诗答谢，将用一整天时间。"朱自清花一整天时间创作的旧诗便是《公权戏赠二绝，次韵奉酬》，诗曰：

浪学涂鸦昧法程，无端羽族独钟情。

禽言啁哳榆枋际，那识雍容凤哕声。

物外高吟百尺坛，幽人论世总从宽。

养禽只合谋升斗，未敢培风学乘鸾。

萧公权寄给朱自清的"安慰"之诗是《佩弦寄逖生诗一章用四鸟自以为嫌，戏赋二绝句以解之》，诗曰：

何须比兴定章程，草木虫鱼尽有情。

招得羽禽翔笔底，只缘诗作凤鸣声。

凤毛池上筑诗坛，纵鹤鸣鸥约法宽。

青鸟同深知遇感，阆风高处报骖鸾。

转眼间，朱自清在成都的休假即将结束，朱自清和诸位友人的唱和也将告一段落，但是和萧公权的唱和诗，还有两首重量级的诗，分别是《夏夜次公权韵》《次韵公权寄怀》，也于这年夏天完成。这两首诗，朱自清更为看重。1948年朱自清逝世后，当年的《文学杂志》发表朱自清多首旧体诗，以示对朱自清的怀念时，也有这两首诗。

《夏夜次公权韵》曰：

电舌破天时一吐，望穿万眼无滴雨。

抛书分得农圃忧，敢言肥瘠非吾土。

挥汗还沾葛衣透，摇箑难驱众蚊语。

一身辛苦何足道，所忧衣食民父母。

忆昔浙中山映水，举家矮屋听更鼓。

绕屋水田热比汤，昼夜熏蒸那遁暑。

田中蚊蚋伸长喙，嘬人辄病十之五。

呛鼻浓烟徒木屑，遮风斗帐枉绨纻。

蚊阵长驱可奈何？任凭宰割肉登俎。

天地不仁古所叹，喋喋何当穷墨楮？

侵肤溽热生创痏，彻旦呻吟摩臂股。

当时眼孔如豆大，切齿蹙眉不胜苦。

自从移家入旧都，蕞尔丑类莫余侮。

名园暑夕清风生，促坐不劳挥玉麈。

镫明夜静独摊书，片语会心色飞舞。

窗外婀娜摇细竹，壁间窸窣鸣饥鼠。

解渴已办冰梅汤，沁人齿颊一丝醶。

平生知慕马少游，此情合入无双谱。

读倦开门自盘散，高树微凉侵肺腑。

相逢不寐人两三，亹亹清谈忘夜午。

苦乐相形只及身，庶民饥寒岂关汝。

御侮今知赖众擎，匹妇匹夫宜得所。

足衣足食安危系，奈何连年成饥阻。

但愿人定回雨旸，千仓万箱盈天府。

《次韵公权寄怀》曰：

裈中一虱蠕蠕起，数墨寻行缘蜀纸。

四十三年断梗因，（公权初次寄诗中句）　一往苍凉黯罗绮。

中年哀乐不犹人，障目烟尘愁猗旎。

哀梨并剪快无匹，学步邯郸由失喜。

君诗成癖正法眼，嗟我狂禅奚所止。

昔耽博弈今韵言，五雀六燕毋宁似。

无心诗国求人爵，着意风篁消剩垒。

不材未堪为世用，愿学杨生谋重己。

举家飘泊风前絮，歧路纵横雾中花。

尝闻遣兴莫过诗，石恶自甘贪疢美。

但恨力绌心有馀，枯毫倔强难驱使。

颜回坐忘不可期，排遣牢愁尚赖此。

恒钉字句付诗简，敢言投桃报以李。

候虫唧唧吟秋砌，六义茫然况四始。

人生相怜亦自怜，从古细民心同理。

兴亡云有匹夫责，索居常畏十手指。

道是堂堂七尺躯，未许偷闲牖下死。

阴晴变幻信多端，世事楸枰凭着子。

穷通呫嗫只费辞，无补时艰何待揣。

吾侪诗为知者道，不足流传供嗷訾。

倡予和汝莫相忘，心声应是无遐迩。

惟君琢磨功日富，出口清圆玉有沘。

跛鳖曳尾泥途中，蹒跚还笑雕虫技。

萧公权在收到朱自清的《次韵公权寄怀》后，也作诗作《佩弦兄次韵寄怀诗，词旨兼美，奉酬一章，仍依前韵》作答，诗曰：

寒蜩着霜飞不起，魄化蠹鱼埋故纸。

罢餐风露饮尘埃，默听阶蚤羡谈绮。

穿循简隙走书缝，据暗那知春旖旎。

天怜清苦转人身，不成魁梧（去声）亦堪喜。

却缘识字忧无端，业与生俱不可止。

蜩唱蠹钻前世因，形态已非神宛似。

拥被呻吟伏案读，矻矻焚膏继短晷。

无益于人徒自劳，殊宠蒙君称知己。

君身元是谪仙人，吐属纷纶琪树花。

妙研诗律示津梁，定论昔贤无遁美。（谓尊作唐诗指导）

才多意远陋雕虫，吐辞恳恻为心使。

几曾颠沛忘时艰，蔼然仁者语如此。

矫情伤直笑于陵，偷咽螬馀井上李。

温柔遗教久湮沉，重振风骚待君始。

无意鸣诗名已传，立言穷通有天理。

幸邀青眼得随肩，敢托南华喻非指。

愧我三生彻骨寒，分宜草木同腐死。

君姿乔松千岁标，馀事雍容管城子。

了然高下判云泥，末不可齐本漫揣。

蒯镫磨墨急和诗，遑恤他人纵訾謦。

我诗如爝君燎原，引火自焚愁向迩。

目眩生花迷五色，无复馀明玩清沚。

勉发寒蜩未竭声，倘许虾蟆能作技。

1941 年 8 月，朱自清在接到萧公权的诗后，作有《次韵答公权》一诗。诗曰：

芭蕉照眼喜相过，挥扇谈诗诗有魔。

家国卅年留迹永，才华八斗呕心多。

澄清天下兹馀事，钻仰儒宗列二科。

攻错他山依片石，铅刀从此割如何？

这首诗中的"家国卅年留迹永"之句，朱自清有自注，云："迹园诗存托始民国四年。"萧公权号迹园，《迹园诗存》为其诗集。民国四年即 1915 年，距此诗写作时有 27 年，故云"卅年"。"钻仰儒宗列二科"之句，朱自清亦有自注："谓政事文学。""钻仰"即深入研究之意，《论语》有"仰之弥高，钻之弥坚"之句。"儒宗"即儒者的宗师。语出《史记》的《刘敬叔孙通列传赞》："叔孙通希世政务，制礼进退，与时变化，卒为汉家儒宗。"汉以后，亦泛指读书人所宗仰的学者。

1941 年 10 月初，朱自清动身赴昆明前，作《公权次寄怀平伯韵赠别，叠韵奉答》。早在 8 月末时，朱自清想念身在北京的老友俞平伯，写诗三章，在寄给俞平伯的同时，也抄给了萧公权。萧公权遂依韵作《赠别佩弦兄，谨依寄怀平伯韵》诗，送别朱自清。朱自清深受感动，也作诗奉答，诗曰：

隽语徒闻物不迁，奈何聚散自年年。

寻山霞客非吾愿，投笔班生已上仙。

千里携家来蜀道，三秋顾影放江船。

乱中轻别真堪悔，回首蓉城一点烟。

里仁为美供胶庠，旧苑星罗各徜徉。

食谱精修碑在口，花畦偶过日初长。

碎金照眼难相即，妙手穿杨未可忘。

亦是平生一缘法，经年倡和到殊方。

乐事诗筒日日开，闭门几度绿衣来。

交疏深酿愁闲味，读罢闲巡砌上苔。

新句璟奇神忽王，中年慷慨语多哀。

相期酬酢依前例，尚有雕虫意未灰。

　　此后，朱自清和萧公权，一个在昆明，一个在成都，他们
二人之间的唱和，并没有因相隔千里而中断，一直还有后续。
1941 年底，在昆明的朱自清就作有一诗，《忆宜宾公园中木芙
蓉作，次公权暨介弟公逊倡和韵》，诗云："风流遥想谢家塘，
异地经时草有霜。一树墙边红欲坠，几番眼底影偏长。戎州走

马看秋老，客路逢花觉土香。蜀锦温麾怜片段，他年同赋更何方。"标题中的"介弟"是对别人弟弟的尊称，公逊，即萧公权的堂弟萧公逊。诗中的谢家塘在浙江上虞境内，离朱自清教书的春晖中学不远。1942年1月8日，朱自清日记曰："写论妻子的诗一首。"便是《妇难为，戏示公权》，诗曰："妇詈翻成幼妇辞，却怜今日妇难为。米盐价逐春潮涨，奴仆星争皎月奇。长伺家公狙喜怒，剩看稚子色寒饥。闲嗔薄愬犹论罪，安得诗人是女儿。"第二天，即1月9日，再作一首《前作意有未尽，续成一章，叠前韵》，诗曰："入室时闻有谪辞，逢人辄道妇难为。不甘弱羽笼中老，曾是明珠掌上奇。夫婿自怜牛马走，宾朋谁疗梦魂饥。温柔乡冷荆榛渐，奈此平生好半儿。"1942年初，作《蜡梅，次公权韵》，诗曰："最爱平生黄蜡梅，和风和雪数枝开。蜜脾细沁甜滋味，金馨微怜旧馆台。天远翻惊春至早，地温只见日烘来。瓦瓶谁遣撩人意，可奈新停浊酒杯。"1942年4月23日，作《忆旧京西府海棠，次公权韵》，朱自清日记云："耗四小时写诗答公权。"诗曰："北地经冬不见梅，几番春讯待卿来。长条颖脱穿云去，锦幄珠晖映日开。未觉环肥矜淡扫，肯缘香少损仙裁？黄庭初写今谁赏，应效啼妆悔赋才。"时间到了1943年上半年，朱自清作《次公权韵》三首。其一云："开缄五色争春妍，精思健笔谁能先？拥鼻吟讽不释手，望尘学步知其难。不殊海上三神山，风涛出没心骨寒。

宫阙如云未可即，仙人陟降何安闲。"其二云："手眼别出殊嫭妍，夺人夺境争声先。选徒嚣嚣多益善，冲锋陷阵当者难。草木森森八公山，秦兵望影皆胆寒。围棋赌墅报破敌，门外萧萧嘶马闲。"其三云："萧侯下笔呈馀妍，著意与古争后先。分唐界宋亦多事，行云流水人所难。作诗如未登泰山，天之苍苍风气寒。俯视茫茫百感发，不同徒矜觜爪闲。"1946 年 2 月 11 日至 12 日，朱自清花费两天时间，写作旧体诗《胜利已复半载，对此茫茫，百端交集，次公权去夏见答韵》，朱自清 11 日日记云："写古体长诗一首。"12 日日记云："继续写诗。"关于这首诗，朱自清相当看重，连续多天的日记里都有记录，且十分在意别人对他这首诗的看法。13 日日记云："我携新诗。本拟给梅和冯看，但终未拿出。此乃对我浮躁愚蠢之一大胜利。潘光旦对此诗评论谓难与其他诗韵相配，此种不着边际的外交辞令，提醒我不要拿给梅和冯看。特别是冯，他绝不会赞赏我。"这里的梅即梅贻琦，冯即冯友兰。朱自清的判断是对的，这首诗充满了对当前政府的不满，从梅贻琦日记中，可见对闻一多的批评和不满，梅贻琦绝不赞赏朱自清对于时事的观点。而冯友兰的不赞赏，多是从艺术的角度。冯友兰是朱自清北大哲学系的学兄，旧学修养那是相当了得的，在同时代人中属于翘楚，还是在国立长沙临时大学时期，他写过一首诗："二贤寺里拜朱张，一会千秋嘉会堂。公所可游南岳耳，江山半壁太凄凉。"冯友兰为西南联大撰写的纪念碑文，更是气势磅礴，旨正意远，文采横溢，加上他还是个非常挑剔的人，朱自清判断他也不赞赏，是有自知之明的。朱自清在15日日记中云："请江清看我的诗，他一目十行，匆匆一阅。他近来确太忙。"江清即浦江清。16日日记云："子卿来，对我的诗未置一词。"子卿即黄子卿。浦江清、黄子卿和梅贻琦、冯友兰为校领导的身份不同，是朱自清的同事兼好友，浦江清一目十行，已经是敷衍了。而黄子卿干脆不发表任何意见。一连几天，朱自清都在在乎别人对这首诗的看法，这是一首怎样的诗呢？照录如下：

凯歌旋踵仍据乱，极目升平杳无畔。

几番雨横复风狂，破碎山河天四暗。

同室操戈血漂杵，奔走惊呼交喘汗。

流离琐尾历九秋，灾星到头还贯串。

异乡久客如蚁旋，敝服饥肠何日赡？

灾星宁独照吾徒，西亚东欧人人见。

大熊赫赫据天津，高掌远蹠开生面。

教训生聚三十春，长霄万里噀光焰。

疾雷破空时一吼，文字无灵嗟笔砚。

珠光宝气独不甘，西方之人美而艳。

宝气珠光射斗牛，东海西海皆歆羡。

熊乎熊乎尔诚能，张脉偾兴争烂绚。

谁家天下今域中？钩心斗角从君看。

看天左右作人难，亚东大国吾为冠。

白山黑水吾之有，维翰维藩吾所愿。

如何久假漫言归，旧京孤露思萦万。

旧京坊巷眼中明，剜肉补疮装应办。

稷坛黄菊灿如金，太液柔波清可泛。

只愁日夕困心兵，孤负西山招手唤。

更愁冻馁随妻子，瘦骨伶丁沦弃扇。

　　此后直到1946年暑假期间，朱自清在成都即将赴北京之时，与萧公权做了最后一次唱和，朱自清作《〈客倦〉次公权韵》，诗曰："客倦藏蜗角，蓬蓬昧远春。敢言天下事，怯对眼中人。儒服随时敝，翻潮逐日新。四方何所骋，堪叹赘馀身。"萧公权所作的《客倦》诗为："客倦犹能望，楼高好送春。飞花摇落日，流水劝羁人。猿鹤消沉旧，鸡虫得失新。江山无是处，着此乱馀身。"

和潘伯鹰唱和

　　我在《西南联大日月长》一书的《苦中作乐》一文里，写到国立长沙临时大学文学院的教授们，在南岳圣经书院的那段艰难时光，教书之余，仍保持一种乐观和积极的精神，经常登山进庙，其中有一段关于潘伯鹰的文字："有一次，即1937年12月11日至13日，朱自清和文学院同人再游上峰寺、方广寺、黑龙潭瀑布等衡山名胜时，同行的有吴宓、浦江清、周先庚、陈梦家、吴俊升、赵萝蕤夫妇，就连来访的潘伯鹰都被邀请在列了。潘伯鹰熟读经史子集，作诗、写小说、绘画、书法样样精通，而性格更是孤傲狂狷，很有个性，所著小说《人海微澜》发表在当年的天津《大公报》时，风靡一时，另还创作有小说《隐刑》《强魂》《雅莹》等，旧诗曾深得诗词大家吴宓的欣赏，被吴宓采之收入其专著《空轩诗话》里。潘伯鹰不但文艺才能过人，还善于社会活动，在文艺界有一定的名声。但是，1931年不知怎么得罪了国民党当局，被捕入狱。幸亏文名在外，得到爱才的章士钊等名人的大力营救才得脱险。抗战爆发后，他也来到后方长沙、南岳，顺访了南岳圣经书院的各位文化名人。朱自清等教授要爬山观光，这才顺便邀他一起同游，并在山上的寺庙里住了两晚。可以想象一下，这帮才子们上山，同宿同吃，该会有怎样的热闹呢？"上山的这群文化名人，应该都是潘伯鹰想见之人，特别是吴宓。能在路过顺访中，就跟别人一起爬山、游乐，且还在寺庙中过夜，也说明潘伯鹰确实善于交谊。这里还可以补充一点，潘伯鹰在1941年的旧诗《次韵公权教授》的注释中，有这样的话："始，雨僧以书来订交，嗣在北平及上海，相继识陶燠民、陈通伯、刘寿民、朱佩弦、俞平伯、叶公超、浦江清……皆因雨僧缘也。"可见朱自清和潘伯鹰的相识是在北平清华大学时期，《吴宓日记》1928年12月15日记曰："……四时，《人海微澜》作者凫公来。（其真名为潘式，字伯鹰，安徽怀宁人。现为交通大学学生，住西单崇善里11号。）谈著作小说之事，甚洽。"初步推测，朱自清和潘伯鹰的认识，应该在这之后。而1937年底的那次在南岳的登山，又给他们留下了很深的印象。

1941年6月初，朱自清写了《伯鹰有诗见及，次韵奉酬》

潘伯鹰

同氣弦居故恩与
縮手危郊淚痕起為八表上同昏細里文字真
日用行子人言未故恩
畢竟書生道自保杜陵強項是前驅故恩當必
皆同軌要令人已見餓夫　杜詩甲官身鞭責書吏云日惟
佩弦我兄陳海　伯鷹呈
六日十五燈下子錄

伯鷹先生有詩見及次均奉酬
誓痕醫譽雖字痕一片江山眼未昏愁愧書生徒素米□□文字說
完恩
今世苦生土不殊雞栖猶羨日馳驅問津未識誰□□□登龍亭看
贈丈夫
宏翁先生鈞政
□□清生三千

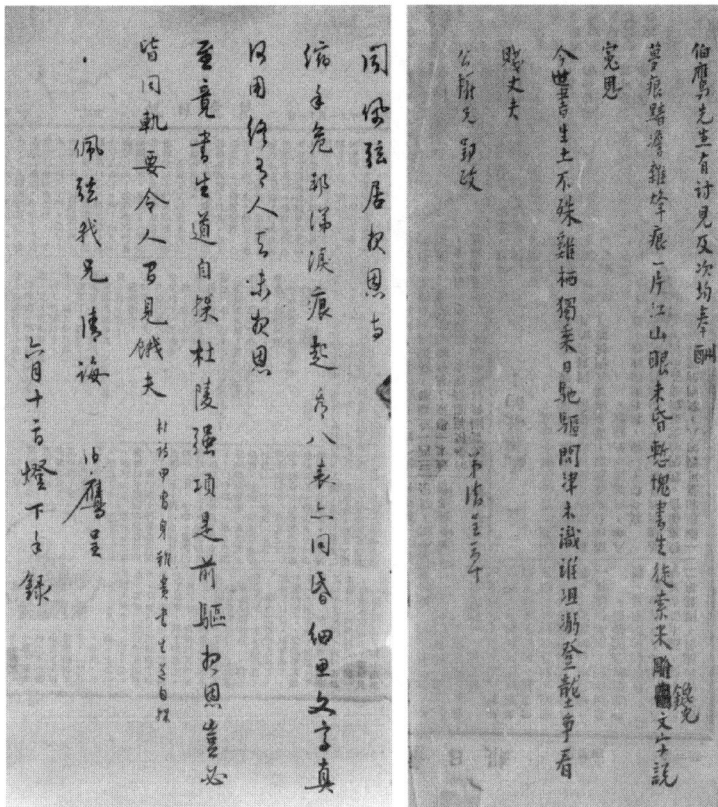

朱自清与潘伯鹰和诗手迹

二首，诗曰：

> 梦痕黯黵杂烟痕，一片江山眼未昏。
>
> 惭愧书生徒索米，雕镵文字说冤恩。

> 今世书生土不殊，鸡栖独乘日驰驱。
>
> 问津未识谁沮溺，登垄争看贱丈夫。

其一中的"黯黵"一词，为不鲜艳、不光亮、不水灵之意。唐朝韩偓在《闺意》里有"枕痕霞黯黵"之句。"一片江山眼未昏"之句，可参看宋朝黄庚《金陵怀古》中的"一片江山万古情"以及唐朝李涉《赠龙泉洞尘上人》中的"八十山僧眼未昏"之句。"索米"，求取米粮的意思，这里指谋生。"镵"，犁镵，一种农具，可犁地，这里有刺、凿之意；"雕镵"，即雕刻、雕琢。

其二中的"土不殊"，参见唐朝杜甫《大历三年春，白帝城放船出瞿塘峡久居夔府将适江陵漂泊有诗凡四十韵》里的"甲卒身虽贵，书生道涸殊"之句。"鸡栖"，鸡的栖息之地，《后汉书》的《陈蕃传》里有"车如鸡栖马如狗"之句。后引申为形制简陋的小车。唐朝李贺在《春归昌谷》一诗中有"独乘鸡栖车，自觉少风调"之句。"津"，渡口；"问津"即询问渡口之意。"沮溺",指长沮和桀溺。《论语》:"长沮、桀溺耦而耕,孔子过之,使子路问津焉。"这里有避世隐士之意。"垄",高地。"贱丈夫",贪鄙的男子。《孟子》的《公孙丑下》曰:"有贱丈夫焉,必求龙断而登之,以左右望而罔而市利。"原指贪婪之人,站在集市的高地处,操纵贸易。后泛指投机商人操纵和独占市场。

潘伯鹰的诗为《闻佩弦居报恩寺》,诗曰:

缩手危邦涕泪痕,起看八表亦同昏。

细思文字真何用,终有人知未报恩。

至竟书生道固殊,杜陵强项是前驱。

报恩岂必皆同轨,要令人间见饿夫。

从标题和写诗的大致时间判断(朱自清一年休假研究即将结束),潘伯鹰是较晚才听说朱自清在成都安家并度假于此的,这才写了两首赠诗。朱自清收到潘伯鹰的赠诗后,感念之余,深知其意,便作诗和之。

如前报述,朱自清和潘伯鹰的交往,应该在1928年底之后,而朱自清日记里最早出现潘伯鹰,是在1932年10月23日的中午。其时,是在潘伯鹰请客的一次宴会上,同席的还有溥心畬兄弟。当天日记云："午饭应潘龟公招，见溥心畬及其弟，又李释戡、凌直文等。"1933年4月22日，朱自清又拜访了潘伯鹰。朱自清在23日的日记中说："昨访龟公，为谈《王二姐摔镜架》及《长坂坡》鼓词梗概，二者描写极佳。"朱自清和潘伯鹰不多的几次相见，所谈并不深刻，二人也许都没有在意。潘伯鹰在《记朱佩弦先生》一文中也说："我虽与佩弦相交甚久，感情契合，但形迹之间却很少相共。"但是潘伯鹰在《记朱佩弦先生》一文中说记的一件事却颇为有趣："那时，石荪、佩弦在清华园皆有住宅。吴雨生住在工字厅。黄晦闻为雨生写了'藤影荷声之馆'的匾额。在全园中为最胜之地。雨生常说：'这是大观园里盛时快过的辰光了。'雨生虽有感叹之言，然他们生活安闲之乐，仍自可爱。一夜，我在家中，起视空庭，月明如水。因想到清华园中各位朋友，同此月光而处境各异。我作了五首绝句分寄五人。其中佩弦新婚燕尔，夫人能唱昆曲。所以寄他的一首最有兴会：'闻道中闺有善才，珠喉妙曲为君裁；金尊明月人如玉，按拍梁州第几回？'未久，佩弦出国。他的游记，风行文苑已十余年。不必多说了。"

潘伯鹰和朱自清多年来虽不常见面，关系也不是非常的亲近，但总是时有相遇。成都的这次唱和之后，情况就有了改变。朱自清后来又因事到重庆，潘伯鹰知道后，立即邀请聚饮。当时潘伯鹰正在重庆主持"饮河诗社"，团结了一大批写旧诗的朋友，还在《中央日报》《扫荡报》《益世报》《时事新报》《世界日报》上开辟"饮河"专栏，共刊出百余期数百首旧体诗，一时名家会聚，佳作纷呈。从潘伯鹰的《记朱佩弦先生》一文记载看，这次聚饮是和饮河诗社的部分诗友，朱自清留给潘伯鹰的印象是："酒酣耳热，我们谈得很多。他还是像战前那样温文安静，没有高谈阔论，也没有牢骚。"就是在这次聚饮酒席上，朱自清向潘伯鹰介绍了热爱旧诗写作的萧涤非和游国恩。游国恩字泽承，任教于西南联合大学，和朱自清有同事之谊。萧涤非出生于 1906 年，1933 年从清华大学研究院毕业，是朱自清的学生，这时也在西南联大教书。这次聚饮后，朱自清回成都，还给潘伯鹰介绍一首萧公权的诗给饮河诗社。

游国恩在朱自清逝世后所写的《悼念朱自清先生》一文中，说到他和朱自清任教于西南联大时，二人关于旧诗有同好而为好友的话："当我发现朱先生研究的兴趣——尤其对旧诗的意见及写作与我颇有同好之后，我们见面的次数也就渐渐地多起来，同时彼此似乎都感到更浓厚的兴趣。"在两人多次交往中，朱自清也曾把潘伯鹰介绍给游国恩，朱自清在给游国恩的信中说："泽承先生：嘱钞《三秦记》，已钞如右，乞察。此间友人颇有欲读尊诗者，便中如承钞寄一二十首最为感盼。《村居杂诗》亦盼将《中央日报》刻稿惠寄。以前蒙录示各首除'粲'

字韵二首外，俱未带来，钞时不妨重复也。潘伯鹰君在渝印《饮河》副刊专载旧诗及诗论文（多白话作）。过渝时曾示以涤非诗，潘君选录五首，颇为读书所重……"这里的"过渝"，即路过重庆，实指1942年6月中旬和魏建功一起赴重庆开会事，朱自清在1942年6月15日日记中有记录，在参加教育部大一国文委员会会议后，于晚上访陆晶清、胡秋原、潘伯鹰和曾履川，朱自清在日记中说："曾以自书集杜一纸见贻。观曾《江楼诗》一册，嘱和。"朱自清可能因事较忙，没有作一首与曾履川的唱和诗。朱自清在给游泽承的另一封信中又说："泽承先生左右，久未晤，为念。前得潘伯鹰君一书，嘱向先生索诗，原函附奉。乞周洽，为荷！《京沪周刊》一册并附上，并乞转寄涤非……"此时，已经到了1946年，潘伯鹰已由重庆来到上海，同时《饮河》诗刊也办到了《京沪周刊》上了，称"饮河集"栏。1946年6月8日出版的《京沪周刊》第1卷第22期"饮河集"栏里，同时刊登萧涤非的《呈佩弦先生》和朱自清的和诗《涤非惠诗次韵慰之》，另外还有游国恩的《题杨可澄山水册》诗，算是在《饮河》上的一次聚会了。朱自清这首和诗的原标题是：《涤非惠诗，其言甚苦，次韵慰之》，潘伯鹰可能嫌长，才略作了调整。同样改了标题的，还有萧涤非的诗。萧涤非的原标题是：《春来无作，佩师见问，因呈》。萧涤非的诗云："为报先生道，春来未有诗。半生不死地，多难寡欢时。绕树犹三匝，临巢又一儿。只应牛马走，前路了无思。"朱自清的和诗云："俳谐秋兴曲，辛苦后山诗。哀乐诚超俗，丘轲自待时。大人能变迹，老妇倒绷儿。劣得纸田在，无劳百所思。"三人同时亮相在同一周刊的版面上，也可以看成是朱自清和潘伯鹰交谊的后续。

关于《寄怀平伯北平》

　　1941年9月，朱自清在成都的休假即将结束。大约是在和叶圣陶的多次交往和合作著书的过程中，特别是和叶圣陶不断唱和旧诗中，忽然念起苦居北京的俞平伯了，他可是当下第一等的辞章高手啊！于是思念的河水开始泛滥，一些往日的映象次第从眼前闪现，1920年下半年，朱自清、俞平伯、叶圣陶三人初交于杭州浙江一师，那是何等的投缘啊，一起在西湖荡舟闲谈，一起聚饮，一起接待从上海来的文朋诗友，一起探讨作品和学问，一起商量编辑图书、杂志，一起探讨"人生的意义"和"刹那主义"，一起加入同一个社团，交流他们新出的新书，朱自清还和俞平伯同游秦淮河，创作了在中国现代新文学史上留下佳话的同题散文《桨声灯影里的秦淮河》。朱自清到清华任教后，又和俞平伯同居一城，不久又同是清华大学的教授，还在俞平伯家搭伙吃饭，让朱自清过了一段安稳的生活，朱自清有一首《平伯家进豆糜粥》，记其可口的饭食，诗曰："俨然松粉香喷鼻，遥想青青出釜时。火钵承筐纤手泻，磨床堆雪尺涎垂。碧鲜照箸调秔粥，软滑经唇厌肉糜。此是浙西好风味，主人分惠不忘之。"他们朝昔相处，情同手足，一起赴西山看景，一起在清华园拍曲，一起参加朋友的聚饮，一起参加文学活动，一起拜师访友，也一起探讨教学中遇到的问题。抗战爆发后，朱自清果断南下，还把图书等物件寄放在俞平伯家。俞平伯因为种种原因而滞留北平，住在古槐书屋，门庭冷落，度日艰难。朱自清和叶圣陶在成都相见后，又唱和不断，在聚谈中，不可能不谈起这位二人共同的好友，同时也会担忧他在沦陷区的种种境遇。朱自清情从中来，不能自禁地作了《寄怀平伯北平》旧诗三首，寄给远在北平的俞平伯。诗曰：

思君直溯论交始，明圣湖边两少年。

刻意作诗新律吕，随时结伴小游仙。

桨声打彻秦淮水，浪影看浮瀛海船。

等是分襟今昔异，念家山破梦成烟。

延誉凭君列上庠，古槐书屋久彷徉。

斜阳远巷人踪少，夜语昏镫意絮长。

西郭移居邻有德，南园共食水相忘。

平生爱我君为最，不止津梁百一方。

忽看烽燧漫天开，如鲫群贤南渡来。

亲老一身娱定省，庭空三径掩莓苔。

经年兀兀仍孤诣，举世茫茫有百哀。

引领朔风知劲草，何当执手话沉灰。

　　第一首开首就回忆了当年在西湖边上的青春往事，那真是一个多梦的年龄，两个刚刚大学毕业的青年，怀揣各种理想，讨论各种问题，虽然只是"小游仙"，却也"刻意作诗"。这里的"明圣湖"，即是西湖。明代田汝成在《西湖游览志》里说："西湖，故明圣湖也……汉时，金牛见湖中，人言明圣之瑞，遂称明圣湖。以其介于钱塘也，又称钱塘湖。以其输委于下湖也，又称上湖。以其负郭而西也，故称西湖云。""等是分襟今昔异，念家山破梦成烟"中的"等是"，即同样是、都是之意。宋朝苏东坡在《和子由除夜元日省宿致斋》诗中有"等是新年未相见，此身应坐不归田"之句。"分襟"，即分袂、离别之意。唐朝王勃在《春夜桑泉别王少府序》里说："他乡握手，自伤关塞之春；异县分襟，竟切凄怆之路。""念家山破"为词牌名，南唐李煜自度曲，今失传。这里为一语双关。

第二首继续回忆。朱自清到清华任教，缘于俞平伯的推荐——胡适受清华之托，请名师到清华任教，胡推荐了俞平伯。俞平伯因已经受聘于燕京大学，且不愿意出城，就推荐了朱自清。"延誉"，即播扬声誉。语出《国语》的《晋语七》："使张老延君誉于四方。""上庠"为古之大学，这里指清华。"西郭移居邻有德，南园共食水相忘"这一句概括了当年朱自清和俞平伯"西郭"为邻的友谊，1929年末，朱自清原配武钟谦病逝，孩子都寄养在扬州老家，清华园的家里，只有朱自清一人。1930年10月底，俞平伯因住在城里老君堂往返于清华不便，便移家到清华园南院7号，和朱自清所居西院45号相距不远。朱自清一人生活多有不易，俞平伯就请朱自清到他家吃饭。朱自清要付饭账，俞平伯不收，两人互相推脱不下，只好折中，俞平伯只象征性地收取点费用。

第三首是俞平伯现在的处境，开首从抗战爆发说起，"烽燧"，古代边防报警的信号，白天放烟叫烽，夜间举火叫燧。"如鲫群贤"，化自"过江名士多如鲫"之句。"亲老"，指俞平伯的父亲俞陛云，1937年抗战爆发时已经70岁，"一身"，指独子单传。"兀兀"，用心的、劳苦的样子，唐朝韩愈在《进学解》里有"焚膏油以继晷，恒兀兀发穷年"之句。"引领朔风知劲草，何当执手话沉灰"这一句不仅是这首诗的关键，也是这三首诗的关键。因俞平伯和周作人的关系过于密切，已经有传言传到大后方。朱自清不免为之担心。但因没有证实，所以以这一句来提醒，希望俞平伯在北平日伪统治下，能保持民族气节，期待在战乱之后能"执手"相谈。

俞平伯一定知道老友的用心，继续在沦陷区苦住。我在《俞平伯的诗书人生》一书中，写了他抗战后期和唐弢的一段交往："俞平伯苦居北京，以私立中国大学为根据地，还不断地介绍友人到该大学任教。1943年还当了系主任，在他的建议下，把该大学的国学系改为文学系，自任系主任。1944年10月16日，唐弢先生在北京处理完鲁迅藏书问题后，访北京图书馆，结束后，想起俞平伯，便决定到老君堂去看看。唐弢在《古槐书屋》一文里有这次访问的记述：俞平伯那时候43岁，'步履轻盈，却很缓慢，稳重过于潇洒'，在讲了一点上海的情况和北京的一些熟人之后，'请求他写几首自做诗，他问了我的地址。查旧日记，他是两天以后，即18日下午到西总布胡同的，我却出去了，没有遇上。他留下名片及字一幅，书诗三首，两律一绝，其中的一律是：'野塘十顷几荷田，一水含清出玉泉。菱蒂无端牵旧恨，萍根难植况今年！红妆飘粉谁怜藕？翠袖分珠不是圆。莫怯荒城归去早，西山娟碧晚来鲜。'唐弢读了之后，非常高兴，'藕'谐'我'，'圆'谐'缘'，'用苏州土话念起来，更是意义逼真。''一水含清出玉泉''西山娟碧晚来鲜'都是双关语，表达了俞平伯'索居荒城、一片清白'

的心境。"

朱自清写了《寄怀平伯北平》后，也录了一份给萧公权。萧公权看后，深有感触，和了一首《赠别佩弦兄，谨依寄怀平伯韵》，诗曰：

天遣词人困播迁，更教离合值中年。
充怀哀乐成高响，照眼文章拟谪仙。
绝域尽多吟啸地，清游几梦木兰船。
归时一任青山笑，万首新诗两鬓烟。

曾是齐竽溷国庠，清时悔未共翔徉。
早钦花管扬殊彩，怯对椿柯献寸长。
流落边州交转密，唱酬经岁乐难忘。
谁知小聚还轻别，愁绝伊人水一方。

八表云昏惨不开，苍茫百感一时来。
金城翠老当年柳，玉砌青沉故国苔。
经乱愈伤浮梗别，孤吟徒作断猿哀。
临歧莫讶辞情苦，尚有愁肠未化灰。

这里可以补记一笔的是，很多年以后的 1978 年，朱自清逝

中年便易傷哀樂老境
何當計短長哀疾常防
兒輩覺童真豈識我生
忙室人相敬水同味親友
時看星墜光筆尚啓予
宵不寐羨君行健尚勩强

夜不成寐憶業雅老境一文感而有作
錄呈
景超兄
業雅嫂
補壁并乞教正
弟朱自清

朱自清手迹《夜不成寐，忆业雅〈老境〉一文，感而有作，即以
示之》

世30年后，俞平伯写了一篇《记与佩弦最后之唱和诗》，文章回忆了1947年，朱自清因读了业雅的《老境》一文而感发的一首旧诗，诗曰："中年便易伤哀乐，老境何当计短长。衰疾常防儿辈觉，童真岂识我生忙。室人相敬水同味，亲友时看星坠光。笔妙启予宵不寐，羡君行健尚南强。"朱自清把这首诗分别抄寄给了俞平伯和叶圣陶。叶圣陶有和诗，俞平伯也有和诗。俞平伯的和诗寄给朱自清后，不慎丢失了。多年以后，有人从叶圣陶日记中抄出，给俞平伯看，俞平伯非常高兴，遂写了这篇文章，并把当年的和诗一并抄入，诗曰："暂阻城阴视索居，偶闻爆竹岁云除。拣枝南鹊迷今我，题叶西园感昔吾。世味诚如鲁酒薄，天风不与海桑枯。冷红阑角知何恋，退尽江花赋两都。"

关于《国文教学》

朱自清在致梅贻琦信中所说的帮叶圣陶"推行国语教育"之事，具体就是撰写一本《国文教学》和《精读指导举隅》《略读指导举隅》三本书。

《国文教学》是朱自清和叶圣陶在成都商量的一本"教辅教材"式的著作，是和叶圣陶合作完成的。

早在 1940 年 9 月 16 日，朱自清就写出了语文杂论《再论中学生的国文程度》，发表于《国文月刊》第 1 卷第 2 期。该文承接了《中学生的国文程度》，分析了中学生在诵读问题上存在的问题，指出了中学生的诵读，关系着文化和修养。不久后的 9 月 30 日，朱自清还意犹未尽，继续就诵读问题写了篇专门的文章，即《诵读的态度》，该文继续分析了国文教学中的诵读问题上的种种偏差，指出"不求甚解"的方法、以诵读为修养手段的方法、死记硬背的方法、断章取义的方法，都不是健全的诵读方法。那么正确的诵读方法是什么呢？朱自清说："得取分析的态度。词义，句式，声调，论理，段落，全篇主旨，都分析的说明，比较，练习。"

其实，关于诵读，一直是朱自清在国文教学中非常重视的项目。比如 1946 年发表在北平《新生报》上的《诵读教学》和《诵读教学和"文学的国语"》，还有 1946 年发表在《大公报》上的《论诵读》。在《论诵读》里，朱自清说："诵读是一种教学过程，目的在培养学生的了解和写作的能力。教学的时候先由教师范读，后由学生跟着读，再由学生自己练习着读，有时还得背诵。除背诵外却都可以看着书。诵读只是诵读，看着书自己读，看着书听人家读，只要做过预习的工夫，当场读得又得法，就可以了解的，用不着再有面部表情和肢体动作。"

1941 年 2 月 21 日，应叶圣陶之约，写作论文《剪裁一例》，费时三天，发表于本年 4 月 30 日出版的《文史教学》创刊号上。该文通过比较宋朝散文家欧阳修的《吉州学记》初稿本和定本的差异，具体分析了作者剪裁的匠心，对今人的写作有很大的启发和帮助。1943 年 2 月 14 日，写作杂论《论大一国文选目》，在收入《国文教学》时，改名《论大学国文选目》，该文就朱光潜的《就部颁大学国文选目论大学国文教材》一文进行商榷。朱自清指出："大学国文不但是一种语文训练，而且是一种文化训练。"朱自清和朱光潜曾在浙江宁波白马湖畔春晖中学是同事，二人交情很深，后来朱光潜出国留学，在法国巴黎大学攻读博士学位，学成后回国。朱光潜回国后即在北京从事教学和创作，任1937年5月创刊的《文学杂志》主编，朱自清、周作人、杨振声、沈从文、俞平伯、林徽因等人都是该杂志的编委会成员，并为杂志供稿，但是，好景不长，至当年7月抗日战争爆发时，出了四期后就不得不休刊了。后来朱光潜任四川大学教授，后又任武汉大学教授。朱自清在成都休假研究时，还于1941年2月11日拜访了朱光潜。朱自清休假研究结束后，于1941年10月8日动身返昆明，沿岷江顺流而下，路过乐山时，又去看望了在武汉大学教书的朱光潜等人，并一起游览了乐山的风景名胜。1941年10月26日，还在旅行途中朱自清给朱光潜写信，谈了离开乐山后的旅途见闻和感受。朱光潜这篇论文，朱自清读后有不同感想，就此作文，根据不同的观点阐述了自己的意见。

1944年11月1日，朱自清为编定好的《国文教学》作序，该序以《〈国文教学〉序》之名发表于次年5月20日《国文月刊》第35期上，署名叶绍钧、朱自清。该文分析了目前大学和中学国文教学的弱点，主要是"忽略了技术的训练，使一般学生了解文字和应用文字的能力没有得到适量的发展"，并由此交代了本书的写作重点是在于补正这方面的弱点，以提高教育的业务能力。因《国文教学》是和叶圣陶两人合著，所以序言在单独发表时，也是两人同时署名。序言中说："我们将近些年来写的关于国文教学的论文和随笔编成这本书，就题为《国文教学》。这里面以中学国文教学为主，大学的也有几篇论及。我们都做了多年的国文教师，也编过一些国文科的读物给青年们看，本书的各篇文字便根据这些经验写成。不过这些文字都偏重教学的技术方面，精神方面谈到的很少。因为精神方面部定的课程标准里已经定得够详细的。再说五四以来国文科的教学，特别在中学里，专重精神或思想一面，忽略了技术的训练，使一般学生了解文字和运用文字的能力没有得到适量的发展，也未免失掉了平衡。而一般社会对青年学生们要求的，却正是这两种能力；他们第一要学生们写得通，其次是读得懂。我们根据实际情形立论，偏向技术一面也是自然而然。"这段话等于开宗明义，说得明明白白了。接下来，序言又就为什么要选这些论文做了说明："一般社会看得写比读重，青年们自己也如此。但在课程里和实际教育上，却是读比写重。课程里讲读的时数多于作文的时数，是因为讲读负担着三重的任务。讲读一方面训练了解的能力，一方面传播固有的和现代的文化，另一方面提供写作的范本。学生们似乎特别注重写作的范本。从前的教本原偏重示范作用，没有读和写的比重问题发生。五四后的教本兼顾三重任务，学生们感到模范文的缺少，好象讲读费了很多时间，并没有什么实用，因而就不看重它。"至于文言文的不愿意读，朱自清和叶圣陶认为原因比较复杂，主要是不好读，不好懂，又用不上，如果不做学问学它确实没有什么用处，所以建议："我们尽可以着手用白话重述古典，等到这种重述的古典成为新的古典时，尽可以将文言当作死文字留给专门学者学习，不必再放在一般课程里，但现时大家还得学习。"

1945年4月，《国文教学》由开明书店出版。书中收朱自清文章八篇，分别是：《部颁大学〈中国文学系科目表商榷〉》《论大学国文选目》《中学生的国文程度》《再论中学生的国文程度》《论教本与写作》《论朗读》《剪裁一例》《写作杂谈》。至此，这本叶、朱合著的作品，一时成为大学和中学教师教学的指导读本。有意思的是，这本《国文教学》里，还选了浦江清的一篇文章。

这里可以补记一笔的是，朱自清逝世以后，在清华大学准备出版《朱自清全集》时，请叶圣陶选编这本《国文教学》，叶圣陶便把属于朱自清的这八篇挑了出来，另外，又把朱自清的同类文章选了六篇，即《论中国文学选本与专籍》《论诗学门径》《文病类例》《写作杂谈》《关于写作答问》《关于大学中国文学系的两个意见》。

朱自清在1948年7月23日致南克敬的信中说："你问怎样教学生学习国文，我想介绍叶绍钧先生和我两个编的《精读指导举隅》和《略读指导举隅》(商务) 请你看看。还有我的《经典常谈》(文光),叶、夏两位的《文心》(开明) 以及叶和我的《国文教学》(开明),都可看。"这里的"叶、夏",是叶圣陶和夏丏尊。朱自清推介的书目当中,也有《国文教学》这一本。这本书,是当时从事中学教育老师不可多得的一本参考书。

题齐白石画

　　朱自清在国画大师齐白石两幅画上的题诗，通过朱自清选编旧体诗集《犹贤博弈斋诗钞》得以披露了出来，让不少人津津乐道。这两幅画的拥有者是成都市市长余中英，每幅画上的题诗为两首，共四首。

　　余中英原名余烈，号兴公，又号墨志楼主，四川郫县人，生于1899年，比朱自清小1岁。曾毕业于四川陆军军官学校，毕业后在川军中任职，一直当到团长，后又任国民党二十四军第八旅旅长。他喜欢书画金石，自称"儒将"，仰慕诸葛亮的茅屋，就命士兵在旅部后边盖了三间草房，左边一间做卧室，中间做会客室，右边当书房。每天，余中英都要练书法，临《泰山碑》五十个字，专派一个勤务兵磨墨。书房里还有很多藏书，新旧都有，古书有经、史、子、集各部，现代文学作家的图书也不少，鲁迅、郭沫若、茅盾、老舍等现代作家的图书都有，还藏有许多种新文学期刊，如《新青年》《创造》《洪水》《太白》《东方》《论语》等。关于余中英的轶事不少，比如改名一事，原名烈，姓余，"余""鱼"同音，"烈"又从火，而鱼又怕火煎，就改余中英了。他原来住在成都刀子巷，也怕刀子对鱼有克制，马上迁往另一条街。1940年任成都第九任市长后，所干第一件大事，就是重塑孙中山像，接着创立了成都市第一所市立中学，还办了医院，做了不少好事，这些都受到成都人的爱戴。他非常仰慕齐白石，曾备厚礼拜齐白石为师，向齐白石学习绘画和篆刻。齐白石便送了他两幅画，其一是《墨志楼刊经图》，其二是《万里归帆图》。齐白石在前一幅画上的题记为："癸酉秋八月，中英弟游旧京，得印石百余方，诚意篆心经刻于后，叹其弃官职事，雕虫人谁肯为？中英乐为之，是与佛有因缘也，兄璜画并记。"癸酉年即1933年。《万里归帆图》画于几个月之后，齐白石的题记为："癸酉冬十二月，中英弟辞燕还蜀，画此为壮，小兄齐璜时居太平桥外。"

朱自清是西南联大的名教授，是著名的新文学作家，书法、旧体诗词也都拿得出手，加上双方夫人又是好闺密，余中英就引为知己，请朱自清为他收藏的两幅齐白石画题跋。余中英有在收藏上请名人题款的习惯，比如他曾收藏一幅两代帝师翁同龢的书法，就请他老师赵尧老来题字，感觉旧时名家作品再有名家题跋，一定会身价百倍。朱自清受人之请，便欣然答应。在《墨志楼刊经图》上，朱自清题两首，曰：

> 色空了了俱无碍，一卷心经摄万喧。
> 应是解人难觅得，只凭顽石寄微言。
>
> 百炼钢成绕指柔，纵横铁笔压神州。
> 山翁意气无前古，今见薪传墨志楼。

第一首第一句"俱无碍"出自《三藏法数》，其中有句曰："今既色是幻色，故不碍空；空是真空，故不碍色。故云色空无碍。"第二句里的"心经"，全称为《摩诃般若波罗蜜多心经》，是佛经中字数最少的一部经典著作。"色即是空，空即是色"一语就出自于此。这句中的"摄"，是收敛、聚集的意思。第三句中的"解人"出自刘义庆《世说新语·文学》里："谢安年少时，请阮光禄道《白马论》，为论以示谢，于时，谢不即解阮语，重相咨尽，阮乃叹曰：'非但能言人不可得，正索解人亦不得。'"朱自清这里指通达言语或文辞意趣的人。第四句中的"微言"，即含蓄而精微的言辞。第二首中的第一句，"绕指柔"，出自晋代刘琨的《重赠卢谌》里的"何意百炼钢，化为绕指柔"之句。第二句中的"铁笔"，刻印之刀的别称，也借指雕刻艺术。第三句的"山翁"指齐白石;"无前古",出自宋代李占《贾司仓祠》中的"为诗直欲无前古"之句。第四句的"薪传",师父传业于弟子之意,这里指齐白石和余中英。

在《万里归帆图》上,朱自清也题了两首绝句:

> 曾是边陲百战身,揭来湖海漫游人。
> 慈亲色笑朝朝共,客子生涯事事新。
>
> 访罗书画日不足,刻划金石愿无违。
> 一朝兴尽理归棹,江流浩淼片帆肥。

第一首第二句的"揭",是指离去的意思。李白在《送王屋山人魏万还王屋》一诗中有这样的句子:"揭去游高峰,羽客何双双。"第三句中的"慈亲",泛指慈爱的父母,多指母亲。第二首中的第一句"访罗",寻访搜罗之意。第二句中的"愿无违",指余中英赴北平拜见齐白石得以实现的意思。陶渊明在《归园田居》里曰:"衣沾不足惜,但使愿无违。"第三句中的"棹",指船桨,"归棹",即归舟。

朱自清这两组四首题诗,在编《犹贤博弈斋诗钞》时,标题都有改动,第一组曰《题白石山翁作〈墨志楼刊经图〉》,第二组曰《题白石山翁为墨志楼主作〈万里归帆图〉》。这两组题画诗，都很恰当地融入了齐白石所画的画意和收藏者余中英的身份及意趣，也是朱自清旧诗写作中不可多得的题材。余中英当时是成都市市长，成都又云集了很多沦陷区过来的文化名人，能把几年前收藏的齐白石的画拿出来，请朱自清题诗，足见朱自清在余中英心目中的地位了。

朱自清和余中英的交谊并不仅仅在题画诗上。1941年9月，朱自清一年的休假研究即将结束时，送给余中英一件礼物，即郭沫若编著的《两周金文辞大系图录》，这本书由日本文求堂出版，对研究周朝青铜器和铭文有很大的参考价值，而余中英亦有这方面的爱好，便割爱相赠，还以《以〈两周金文辞大系图录〉贻墨志楼主人，时将去成都》为题赋诗二首，诗曰：

论交存古道，稠叠故人情。
岳岳丘山重，盈盈潭水生。

插架足璆珍，风流异代亲。
吉金三百影，留赠赏音人。

和诗浦薛凤

朱自清在成都休假期间，来往最多的是叶圣陶和萧公权，相互和诗也最多。和其他在成都的朋友也常有交往。和曾经的清华同事浦薛凤就有一次和诗，值得一说。

1941年3月8日朱自清赋诗二首，《得逊生书作，次公权韵》二首，诗曰：

> 见说新从海上回，一时幽抱为君开。
> 彩衣迤逦归亲舍，絮语依微傍镜台。
> 岂肯声光闲里掷，不辞辛苦贼中来。
> 匹夫自有兴亡责，错节盘根况此才。
>
> 里巷愔愔昼掩扉，狂且满市共君违。

沐猴冠带心甘死，逐鹿刀锥色欲飞。

南朔纷纷丘貉聚，日星炳炳燨光微。

沉吟曩昔欢娱地，犹剩缁尘染敝衣。

逖生，就是浦薛凤，逖生是他的号。浦薛凤是江苏常熟人，和朱自清曾是清华大学和西南联大的同事，研究西方近代政治思想史，著有《西洋近代政治思潮》等著作。

朱自清和浦薛凤并非第一次诗词唱和，1936 年 10 月 21 日，朱自清在日记里说："昨日赋诗一首……'秋光未老且偷闲，裙屐招邀去看山。脚健愁峰顿清切，眼明红树忽斓斑。羲和欲乘六龙逝，夸父能追一线殿。此日诗成弄彩笔，异时绝顶更跻攀。'"诗名曰《逖生见示香山红叶之作，即步原韵奉和》。查朱自清日记，知道他们这次香山之行是在 1936 年 10 月 17 日下午，日记云："我们游香山，欣赏绚丽的红叶。时间已是午后，我们一直在阴影中行走，日落前尽兴而返。是一次愉快的旅游。"和朱自清同时游览的浦薛凤回来即作诗一首，并请朱自清过目欣赏。朱自清于 1936 年 10 月 19 日诗成。从这件事中，不难看出他们之间的情谊，而且浦薛凤诗成后，随即想到了朱自清并示之过目。1939 年初，浦薛凤和另一位西南联大的年轻教师王化成被重庆的国民政府调往国防委员会任参事，朱自清还于这年的 2 月 27 日设宴为他们饯行。王化成是江苏镇江人，清华毕业，留学美国芝加哥大学获政治学博士学位，回国即在清华任教。他和朱自清也是朋友。1937 年 7 月 29 日，朱自清接钱稻孙电话，得悉清华大学即将沦陷、情况危急，急访冯友兰，后又雇汽车返回清华大学察看形势，陪同朱自清同行的就有王化成。到了昆明，又同在西南联大，朱自清和浦、王二人还同是桥牌俱乐部成员，常在一起交流牌技。

从 1941 年 3 月 8 日这首诗的标题看，是朱自清在"得逖生书作"后的一首和诗。

浦薛凤弃文从政后，在民国政府担任要职。1940 年底，浦薛凤从重庆赶到上海，与从北平赶到上海的妻儿团聚，之后，又冒着极大的风险，回到沦陷区的常熟老家，拜谒父母。这次只身深入日伪统治地区，倍感艰险，作了二首诗，第一首《回里拜双亲五日拜别》，诗云："只身万里冒艰危，欢拜双亲愁别离。名位区微甘唾掷，江山摇撼愿扶持。阖家骨肉平安庆，到处烽烟离乱悲。儿去媳归代侍养，天恩祖德两无疑。"第二首《沪滨与佩玉暨诸儿女聚而复别》，诗云："湘滇独处复飞川，异地相思缱绻怜。沪渎聚欢转喜悦，乾坤混沌待回旋。匡扶邦国愧才绌，待养翁姑感慧贤。卿去虞山吾返蜀，夕阳西落会团圆。"浦薛凤的二诗写得极其哀伤，虽有"欢拜双亲"之喜，"骨肉平安"之庆，但毕竟只有五天的团聚，而且爱人和孩子留在老家，只身返蜀，怎能不悲喜交集呢？

浦薛凤回到重庆后，把两首诗抄寄给在成都休假的好友朱自清。朱自清得诗后，深受感动，诗如泉涌，他在第二天的日记中写道："昨夜赋诗二首和萧君。今天为此不足道的成绩颇为兴奋。将这两诗写给浦与萧。"这里的浦，即浦薛凤，萧，即萧公权。朱自清的"兴奋"，一是得朋友的诗，二是自己的赋诗。第一首诗，对于浦薛凤能够穿越沦陷区和家人团聚，也颇为开心，"一时幽抱为君开"，想象着好友和父母、妻儿团聚时的情景，亲人间真有说不完的话。又感叹好友"不辞辛苦"从日寇统治下的沦陷区回来，为蒙难中的祖国尽其才华。第二首诗，是对沦陷区的凄惨景况进行了描写，不知"陌巷是谁家"，满街都是"狂且"之人，外表虽然装得像模像样，也不过是"猕猴"之状，除了追逐些"刀锥"般的小利，还能有什么呢？日伪相互勾结，也不过是"丘貉"相聚，没什么了不起的。

在成都的日子里，朱自清"诗事"很多，有"应酬"，有创作，有研究，浦江清在《朱自清先生传略》里说："暇居一年，与萧公权等多倡酬之作，格律出入昌黎、圣俞、山谷间，时运新意，不失现代意味。"

朱自清《得逊生书作，次公权韵》这两首诗，用典特别多，而且自然贴切，这都得益于他从前在古诗上花费的一番苦功。

1941 年 4 月 28 日，朱自清收到浦薛凤来信，并寄来诗稿。这封书信再次引发朱自清的感怀，思绪万千，成长诗一首，回忆了和浦薛凤、王化成二人在清华时的友谊，仅从标题上就可知诗的大概：《逖生来书，眷怀清华园旧迹，有"五年前事浑如一梦"语，因成长句，寄逖生、化成》。诗曰：

茅檐坐雨苦岑寂，发书三复如快晴。

满纸琐屑俨晤对，五年前事增眼明。

群居休沐偶佳抱，叶子四色盈手轻。

各殚智巧角胜负，一往不觉宵峥嵘。

浦子此中斫轮手，寝馈甘苦精权衡。

兴来更学仙仙舞，周旋进止随鼓鸣。

觙然角弓或张弛，无益聊遣有涯生。

王子觥觥最好客，广庭夏屋来众英。

绿草芊绵敷坐软，高柳窈窕悬镫莹。

入室汪洋陂十顷，照坐依稀镜一泓。

主人绝技汤团擅，流匙滑口甘如饧。

大截长鱼续罗列，座上朵颐肠欲撑。

尚忆当年作除日，登场粉墨歌喉清。

鲰生蹩躠逐屦舄，平话唠叨供解酲。

逸兴遄飞夜既午，新岁旧岁相送迎。

门前执手道珍重，低徊踯躅难为行。

五年忧患压梦破，故都梦影森纵横。

撷拾破碎胜无有，刺刺敢辞痴人名。

此诗虽由浦薛凤引起，但由于诗中有回忆在清华时和王化成相聚时的欢娱场景，于是将此诗也抄一份寄给王化成。"满纸琐屑俨晤对，五年前事增眼明。"浦薛凤的诗，让朱自清感觉朋友就在面前，五年前的往事也历历在目。诗中回忆了和浦薛凤打桥牌、跳舞等经历，赞扬浦薛凤牌技高超，舞技也"周旋进止随鼓鸣"；回忆了王化成拍曲时的"登场粉墨歌喉清"的英姿，夸他家除夕之夜的汤团好吃，"流匙滑口甘如饧"，饭后更是"平话唠叨供解酲"，体会"新岁旧岁相送迎"的除夕美景。只可惜，"五年忧患压梦破，故都梦影森纵横"。回忆是美好的，同时也让诗人更加地忧时伤怀。在这天的日记中，朱自清说，"写一长诗给化成与逖生"。对于出现的身体不适，又说："出现复视，怕是老年的信号，但此症状可治。曾在油灯下工作几夜，光线摇曳不定，复视可能由此引起。"

依旧例，朱自清把这首长诗，也复抄一份，寄给萧公权看。还在诗前附一小诗，戏称是"随嫁"，并问萧公权"有兴肯吹毛"否？意欲让他和诗。萧公权读了朱自清的诗后，也作诗一首，《佩弦投长篇欲和未能寄此解嘲》。

看来，朱自清对这首长诗还是很看重的。

1941年6月6日，朱自清日记云："写了很多信并赋诗二首。"这二首诗就是《答逖生见寄，次公权韵》诗曰：

> 几日天河见洗兵？杜陵心事托平生。
>
> 旧都历劫残宵梦，佳节思乡戛玉声。
>
> 倚涧苍松得地厚，朝阳丹凤待时鸣。
>
> 雄才小试还乡记，已看文无一笔平。

> 齿牙分惠并标题，狡狯庄生论物齐。
>
> 斥鷃有心随凤鸟，人间何处得天梯。
>
> 渊冰凛凛酬高唱，风雨潇潇听晓鸡。
>
> 欲颂中兴才力薄，妖乌坐看已沉西。

该诗其一中的"洗兵"，唐朝杜甫的《洗兵马》中有"安得壮士挽天河，洗尽甲兵长不用"之句。"托平生"，唐朝马戴的《答太原从事杨员外送别》中有"西游还献赋，应许托平生"之句。"旧都历劫残宵梦"中的"旧都"，指北京，该句朱自清有自注，云："有次韵公权梦中偕返清华园之作。""佳节思乡戛玉声"，此句朱自清有自注，云："有端午寄内之作。""戛玉声"，意为敲击玉片发出的悦耳声。宋朝陈岩在《五龙湾》中有"水流圆折仍方折，忽作铿然戛玉声"之句。"雄才小试还乡记"，此句朱自清有自注，云："有《回到沦陷的故乡》一文，指浦薛凤回家之事。""已看文无一笔平",此句化自龚自珍《己亥杂诗》中的"喜汝文无一笔平"之句。

其二中的"齿牙分惠并标题"之句,朱自清有自注,云:"来诗有'我喜适人遇两君'之句。""齿牙分惠",指口头褒美之意。"斥鷃",即鷃雀,一种小鸟,鹑的一种,弱小不能飞。"凤鸟"即凤凰。"欲颂中兴才力薄",朱自清有自注,云:"来诗有'会赋中兴雅颂文'之句。""妖鸟",即骏鸟或三足鸟,汉朝刘安的《淮南子》中的《精神训》篇里有"日中有骏鸟"之说,后人亦指此代指太阳。可参阅汉代无名氏之《神乌赋》(连云港尹湾出土的汉简)。"已沉西",宋朝刘子翬在《秋望》中有"辉辉江日已沉西"之句。

到了1942年6月,朱自清到重庆出席国语推行会常务委员会会议,还和王化成、浦薛凤聚会了几次。如6月16日日记有"晚访浦、王,过定时未遇"的记录,17日日记云:"上午参加国语推行会常务委员会,较重仪式,余提修订标点符号案,通过。……逖生来访,谈甚趣。约星期六往访。"18日日记云:"读《蒲剑集》中重要各篇。……午后访化成,谈小疏小草竟。晚访建功闲谈。并还《蒲剑集》。"20日日记云:"晨访逖生、化成,访景怡不遇。访姚蓬子,逖生、化成约午餐。"22日日记云:"下午逖生来访,殷殷可感。"

和厉歌天通信

　　朱自清的《新诗杂话》的写作，虽然主要是受李广田的启发（详情参见《西南联大日月长》里的《关于〈新诗杂话〉》一文），事实上，厉歌天也起了大作用。朱自清在该书序里说得很清楚了："那时我在休假，比较闲些，厉先生让我读到一些新诗，重新引起我的兴味。秋天经过叙永回昆明，又遇见李广田先生；他是一位研究现代文艺的作家，几次谈话给了我许多益处，特别是关于新诗。"

　　那么朱自清和厉歌天是什么时候开始谈新诗的呢？

　　1941 年 9 月 2 日，朱自清写信给厉歌天，信中涉及新诗的话题。在此前后，朱自清曾向厉歌天借阅刊登新诗创作的书刊多种，在阅读中产生了一些想法，并在给厉的信中加以阐述。这封信，后来加了个题目《关于诗的比喻和组织——致厉歌天》，发表在 1942 年《笔阵》第 2 期上，全文如下：

　　×× 先生

　　两次来信都收到了。您喜欢《诗创作》（创刊号）里郑思先生的两篇诗，我只觉得《忧郁的歌》还好。那篇诗用了歌谣的复沓暗示旧时代的单调寂寞疲倦的转圈儿的生活。复沓的词句和结构恰能配合那单调寂寞的情味，全诗的音节是白话的音节，不是歌谣的音节，不至于让音节埋没了意义，而且不至于像歌谣样轻飘而不严肃。但是所用的比喻究竟太陈了，减少了力量。《哭泣》那一篇似乎散文的成分太多，不够强烈的。在本刊物里，我最喜欢的是《第一个》《泾水之滨》，其次是《过故居》。《窗》和《旅行篇》也还好，但似是熟调子了。我的标准大概在比喻和组织上。

　　臧克家先生的《淮上吟》很不错，比喻特别新鲜有意味，《走向火线》却远不及。柯仲平先生的《平汉路工人破坏大队的产生》，有歌谣的明快，却不单调，并且用白话的音节，所以能够严肃。这该是成功的"朗诵诗"，不过嫌繁些。这种诗我看过很少，所论不知道确当否？可惜艾青先生的作品还没读到，将来总要找一本看看，他的著名的作品是哪一篇？他战前写的《七月流火》我是见过的。

您借给我的几种诗，只想留下臧克家先生一册《呜咽的云烟》。别的日内寄还您。《笔阵》恕无暇写文章了。歉歉！

祝好！

朱自清

（一九四一年）九月二日

"××先生"里的"××"，即是牧野，牧野是厉歌天的别名。朱自清在《新诗杂话》的序言里说得很明白，是厉歌天和朱自清谈新诗时，引发了朱自清对于新诗的兴趣，而途中所遇李广田，又起了"推波助澜"的作用，这才催生了这本《新诗杂话》的诞生。朱自清逝世以后，厉歌天写了一篇《朱自清先生谈诗片段》的纪念文章，引用了朱自清写给他的这封信，把朱自清当时在成都读诗的经历做了简要的回忆。而《朱自清先生谈诗片段》的可贵之处，是记录了朱自清在家里的工作状态。厉歌天在文章中说："第一次我见朱佩弦先生，是在成都东门外宋公桥报恩寺旁院他那三小间平房的家里。那是一九四一年的夏季，我被成都文协分会差使，去敦请他为文协分会主持的暑期文学研究会讲演。当我按照着地址找到朱先生家的时候，只会见了朱夫人和他的七八岁的男公子。朱夫人听明白了我的来意之后，她才说佩弦先生提着小书包进城到省立图书馆去了。第二天我再去到他家的时候，朱佩弦先生正燃着纸烟坐在椅子上，面对着桌子上摊开的几本书在沉思。我心里甚为歉然。本打算说几句话就走，可是朱先生很亲热地留住我，问问我这问问我那，问我最近都看了些什么新刊物新书籍，同我谈了很久的时间。"朱自清为什么要和这样一个年轻人谈很久的时间呢？因为这时候厉歌天和叶圣陶的女儿叶至美还没有分手，作为长辈，多关心关心晚辈也是正常的。而朱自清所要去的演讲，也是叶圣陶主持的。厉歌天在文章中接着写道："朱先生到成都文协分会主办的暑期文学研究会讲演以后，我曾有好几次去拜访他，同时给他送去一些新出版的杂志、诗刊和诗集，并且也常常请教他一些新诗方面的问题。"这些问题，朱自清在致厉歌天的信中有所表达。就在厉歌天接到朱自清的信后不久，朱自清还专门到南郊疗养院来看厉歌天，这一次，厉歌天又按照朱自清信中所说的，找了一些艾青的作品给朱自清。

据厉歌天的文章透露，他曾住进疗养院，那么这样一个文学青年，怎么会住在疗养院呢？这里要引出厉歌天的一段传奇人生——

厉歌天生于1909年，原名厉国瑞，1928年夏考入河南淮阳省立第二师范学校。1931年毕业回到老家通许县高小执教，后又应聘到兰封县师范学校任教。1935年春，笕桥航校（中央航空学校，因校址位于杭州笕桥而得名）到开封招生。厉歌天以优异成绩考上了笕桥航校，并去南京中央陆军军官学校（黄埔军校）进行入伍生训练。1937年7月7日，卢沟桥事变爆发，8月12日，笕桥航校奉命撤退，厉歌天被任命为三名领队之一。历经一个多月的艰苦跋涉，航校学员撤退到达昆明，学校改名为中央空军军官学校。厉歌天于1938年2月26日毕业，分配到成都工作。这年9月，厉歌天被任命为成都中央空军军士学校（当时简称空士学校）飞行教官。1939年秋，厉歌天突生重病——肺部大血管破裂，在医院和疗养院一待就是四年。本来就热爱文学的厉歌天，这时候重拾对于文学的热爱，开始创作，在《新民报》副刊发表文学作品，并先后认识了成都文艺界的许多名流大家，如萧军、刘盛亚、陈翔鹤、李劫人、刘开渠、老舍、朱自清、叶圣陶、曹靖华、冯雪峰、胡风、碧野、陈白尘、巴金、张天翼、姚雪垠、臧克家、邹荻帆、端木蕻良等，而和萧军关系最为密切，在其介绍下，加入了中华全国文艺界抗敌协会成都分会。1941年春，协会第三届理事改选，厉歌天当选为理事，负责协会会刊《笔阵》的日常工作。为了扩大影响，厉歌天还把叶圣陶请出来挂名主编。《笔阵》也越办越有起色，郭沫若、茅盾、朱自清、巴金、老舍等诸多名家的作品都曾在这里发表。这段时间，厉歌天也发表了《小骗子》《爆破》《两个脚印》《红马驹》等小说或散文。《红马驹》还被编进《抗战文艺》一书，《两个脚印》则入选大学教材《文学作品选读》。

　　当抗日战争不断深入、厉歌天身体也渐渐康复之际，他萌生了上前线的想法。1945 年 3 月，厉歌天得知他的师兄李学炎担任川东梁山中美航空混合联队第 1 轰炸机大队的中方大队长后，给他启发很大，便下决心离开熟悉的文坛，前往重庆，找到相关领导，表示要上前线的决心。因此厉歌天来到前线，搭上功勋飞行员徐焕升的专机，直飞梁山轰炸机大队。厉歌天的突然出现，让战友们感到意外。不过轰炸机大队没有他的编制，于是便以随军记者的身份留了下来。1945 年 4 月，厉歌天与战友们 6 次升空，轰炸日本侵略者。有趣的是轰炸开封那一次，厉歌天和战友驾驶的 B-25 中型轰炸机，跟随美军飞行员驾驶的长机飞行。战友问厉歌天想不想亲自驾驶，厉歌天病中一直没摸驾驶杆，回到前线后早就想亲自驾驶了，便操纵 B-25 紧跟美军驾驶的长机。厉歌天驾机的英姿，被长机里的美国随军记者马特沫瑞（Metemore）看到了，异常惊异，厉歌天猜到了对方的心思，跷起左手大拇指指了指自己的脑袋，向对方点点头。美国记者兴奋地做了个"OK"手势。厉歌天在参加了一系列战斗以后，根据亲身经历，写了《我随 B-25 轰炸机扫荡鄂北日寇》《我随机袭豫南》《我们怎样轰炸开封》等几篇文章，发表在重庆《扫荡报》、成都《中央日报》及《中国空军》等报刊上，一时成为前线最真实的报道，提振了民众的抗战决心。厉歌天能文能武的新闻，也被那位美国随军记者写进了他的《战地纪实》一文中。

厉歌天就是在成都疗养的那几年时间里，取得了不俗的文学成就，也和成都文艺界的很多名家成为朋友。而移家成都的朱自清，又因为叶圣陶这层关系，和厉歌天有了谈诗论文的交往。

独游桂湖

1941 年 9 月 20 日，成都的天气已略有秋意，非常舒爽，朱自清正在尼姑庵边上的家中静心地抄写东西，突然，柴门被叩响。朱自清一看，喜出望外，原来是好友叶圣陶来了。随即烧水泡茶，继而快意畅谈。叶圣陶问起何时回西南联大时，朱自清告之当在月底，先从水道至泸州，再从泸州搭乘西南运输处车辆去昆明。清谈中，朱自清告诉叶圣陶，近期他独游了桂湖公园，风景不凡，是个好去处。关于"独游"一词，叶圣陶的日记里就是这么写的。从叶圣陶的日记看，朱自清还用了句方言，把月底，说成"月杪"。"杪"即梢，树梢、竹梢之意，用在这里，就是末尾的意思。

那么，桂湖有着怎样不凡的风景，会引起朱自清的兴味而独自观赏？朱自清有旧体诗二首记之。

流风筇杖仰天南，庙貌湖光此共参。

总录丹铅破万卷，千秋才士论升庵。

列桂轮囷水不孤，玲珑亭馆画争如。

蟠胸邱壑民偕乐，遗爱犹传张奉书。

　　第一首中的"筇杖"，即筇竹做的手杖。"天南"，杨慎曾被谪戍至云南永昌卫，居云南 30 余年，死于戍边之地。关于这一句，朱自清在编《犹贤博弈斋诗钞》时有自注，曰："升庵筇杖今存昆明民众教育馆。"升庵就是杨慎的号。杨慎是四川新都县人，明代著名的文学家、大学者，字用修，初号月溪、升庵，又号逸史氏、博南山人、洞天真逸、滇南戍史、金马碧鸡老兵等多种。杨慎于明武宗正德六年（1511）状元及第，授官翰林院修撰，参与编修《武宗实录》。"庙貌湖光此共参"，指桂湖公园里的升庵祠、仓颉殿互相参杂其间，形成美丽风光。"总录丹铅"指杨慎所著《丹铅总录》凡二十七卷。

　　第二首中的"轮囷"，盘曲貌。汉朝邹阳在《狱中上书自明》中曰："蟠木根柢，轮囷离奇。"此句形容桂湖公园的桂树。"争如"，怎么比得上的意思。唐朝韦庄在《夏口行》里有"双双得伴争如雁？——归巢却羡鸦"之句。"蟠"，遍及，充满。"蟠胸"即满胸。"遗爱犹传张奉书"，朱自清在编《犹贤博弈斋诗钞》时有自注，曰："清季张宰新都，于湖中建亭馆。"清道光十九年（1839），时任新都知县的张奉书，博采各地园林之长，并以"湖山奇丽"的浙江绍兴为蓝本，重建桂湖园林，为纪念杨慎，还在湖上建了升庵祠。这一句中的"遗爱"，指留于后世而被人追忆、怀念的德行。

其实桂湖并不在成都市区，而是在成都以西的新都县。1941年9月的桂湖公园，还不像现在这样现代和气派。朱自清是在什么样的心情下独游桂湖公园的呢？乘坐什么交通工具？去了多长时间？据我个人推测，朱自清独自一人去桂湖公园，并非是一时心血来潮要赏什么秋水秋景，闻什么桂花飘香。当然，也许会顺带有这方面的因素，但最主要的，还是要去凭吊明代文学家杨慎，毕竟，杨慎的文名和文学地位，在成都文化史上是占有相当高的地位的。作为成都的新居民，望江楼去过多次了，去杨慎曾经生活过的环境和旧宅里看看，在湖堤上走走、想想，沉淀自己的思想，也是有必要的，至少对于这位先贤，有个感性上的认识。至于交通工具，从梅贻琦日记看，当时的成都公共交通还不发达，朱自清有可能也是雇了人力车的。在公园逗留的时间也不会太长，毕竟，老式的桂湖公园不大，又是独自一人，看完即回了。

桂湖是杨慎的故乡，其旧居就在这里，因环湖遍植桂树而得名。

　　杨慎在滇南时，多次往返于四川、云南等地，最后终老于永昌卫。在滇南的 30 年，杨慎博览群书，苦心著述，诗、词、曲各体皆备，具有独特的个人风格。其诗沉酣六朝，揽采晚唐，创为渊博靡丽之词句，造诣尤为深厚，独立于时风之外。而乐府推崇《花间》，其影响了后代的风尚，同趋绮丽。杨慎的各种著作多达 400 余种，涉及经史方志、天文地理、金石书画、音乐戏剧、宗教语言、民俗民族等，被后人辑为《升庵集》。对于旧籍经典相当熟悉的朱自清自然知道杨慎在中国旧学中的地位了，而且桂湖又离成都不远，又恰逢中秋之际，正是桂花飘香的季节，赏桂、访古、怀人，正是朱自清一个人去探访桂湖的真正原因，而这一次独行，确实也没有让他失望，在好友叶圣陶面前夸奖了桂湖的美景。

　　现在的桂湖公园，分为新桂湖和老桂湖，新桂湖面积比老桂湖大不少，就在老桂湖的边上，还有一个别名叫桂湖森林广场，公园湖泊中有很多荷花和各种新建的亭台楼榭，湖中还有喷泉可供观赏。第一次去桂湖的人，都会进入老桂湖景区，这里老建筑多，可访古探幽，但见楼台掩映于花木丛中，环境幽雅别致，具有典型的江南园林风貌。园内的升庵祠里，陈列杨升庵的著作 100 余种。每年中秋前后，桂蕊飘香，到此游湖赏桂的游人络绎不绝，一睹桂湖的风采。

归途的风景

一年休假结束了。

说是休假，无论是学术研究，还是散文、诗词创作、"教辅教材"的编撰，朱自清都取得了很大的成就，算是满载而归了。1941年10月8日，朱自清动身返回昆明，乘船顺岷江而下。

朱自清第一次走这条水路，一路上观察颇为仔细，除了观察两岸美丽的山水、田园风景，还关注船上的日常生活，"岷江多曲折，船随时转向，随时有新景可看。江口以上，两岸平原，鲜绿宜人。沿岸多桤木林子，稀疏瘦秀，很像山水画。我们坐的是装机器的船。机器隔断前后舱，每天拿洗脸水拿饭，以及上岸上船，都得费很大的力。我们在后舱，所以如此。我睡在两张沙发椅上，相当舒服也相当的不舒服；因为空子太短，伸直脚杆又伸不直腰，伸直腰又伸不直脚杆。但我行李太少，这样也就算舒服了。船上饭很香，菜是李先生家另烧，吃得很好，有时候太饱。只有末一日，换了一个烧火的，烧的是'三代饭'，有焦的，有生的，有软的。船上没法换衣服，幸好没有生虱子"。（1941年10月20日朱自清"致钟霞裳、金拾遗信"）

在这样的行船中，于两日后抵达乐山。

乐山是岷江岸边的重要城市，朱自清下船后，看望在武汉大学教书的朱光潜、叶石荪等朋友，还和朱光潜去游览了乌龙寺、大佛寺、蛮洞、龙鸿寺等风景名胜，在"致钟霞裳、金拾遗信"中，朱自清说，"到嘉定走了四天半，因为江口就耽搁了一天。我倒不着急，着急也没用，况且着急也不必坐木船了"。朱自清是这样描写所见风光的，"乌龙寺的悬岩还雄壮；大佛大得很，可是也傻得很。蛮洞倒是别致。叙府街好，简直有春熙路的光景。公园极小，但钟楼一座非常伟大坚固，可算四川第一，石基入地二三丈，地上一丈多，上用砖砌，非抬头看不到顶"。

如此在船上行了几日，于10月17日抵达宜宾，进入长江。不消说，一路行舟遇到生活上的不便很多，就是经历的各种艰险也不计其数，何况只是一条木质的、吨位不大的机船呢。"沿路滩险不少，因水不大不小，平安渡过。只有十八日早过干碛窝，很吓人。我们船已漏水。若是船夫不用力，一碰在石头上就完了。我们看见水涡里冒出死人的肚腹。叙府上面有匪，我们也幸而未遇着。"从朱自清致钟霞裳和金拾遗的信中看，能想象出水路之凶险了。而接下来的这一段汽车路，也并非坦途，朱自清在信中还告诉朋友由纳溪到叙永是"赶黄鱼"。什么是"赶黄鱼"呢？简单说，就是高价票。好不容易上了车，汽车在山路上歪歪扭扭地行驶。朱自清在 10 月 26 日致朱光潜的信中，描写了那天的情境：不巧"天又下雨，车没到站因油尽打住。摸黑进城，走了十多里泥泞的石子路，相当狼狈"。又说："叙永是个边城。永宁河曲折从城中流过，蜿蜒多姿态。河上有上下两桥。站在桥上看，似乎颇旷远；而山高水深，更有一种幽味。"旅途虽然辛苦、狼狈，在朱自清眼里，河山依然美丽，依然"旷远"而有"幽味"。

朱自清是 1941 年 10 月 21 日到达叙永的。因一路辛苦，入住头几天，吃饱睡足，夜里接连做梦。梦后得诗一首并序，序云："九月日夕，自成都抵叙永，甫得就榻酣眠，迄日饱饫，肥甘积食，致梦达旦不绝，梦境不能悉忆，只觉游目骋怀耳。"这里的"九月日夕"应该是指农历。诗曰：

山阴道上一宵过，菜圃羊蹄乱睡魔。
弱岁情怀偕日丽，承平风物孳人多。

鱼龙曼衍欢无极，觉梦悬殊事有科。

但恨此宵难再得，劳生敢计醒如何？

到了 10 月 26 日，在致朱光潜的信中，朱自清继续做了解释："我的主人很好客，住的地方也不错。第一晚到这儿，因为在船上蜷曲久了，伸直了睡，舒服得很。那几天吃得过饱，一夜尽作些梦。梦境记不清楚，但可以当得'娱目畅怀'一语。第二天写成一诗，抄奉一粲。"这便是上述这首《好梦再叠何字韵》。

那么信中所说"很好客"的主人是谁呢？便是李铁夫。李铁夫出生于 1892 年，叙永人，毕业于四川陆军军官学校，曾任国民党二十四军少将副官。李铁夫热爱文艺，早就知道朱自清的文名。朱自清曾有《赠李铁夫》一诗，诗云："董家山舍几优游，见说豪情胜辈流。载我倭迟下岷水，共君磊落数雄州。盘涡出入开心眼，抵掌从容散客愁。独去滇南无限路，主人长忆孟公俦。"从诗中可知，朱自清在致友人信中所说的"菜是李先生家另烧"中的李先生，即是李铁夫。而李铁夫也和朱自清随船同行，"装机器"的大木船，也或是李家或李家租来的。

朱自清在叙永勾留到 10 月 30 日。

在叙永的十天中，朱自清一直住在李铁夫家。李家在叙永西城鱼市口繁华地段开有"宝和祥"商号，是临街的大房子，三层，屋宇宽敞，高大气派，所处位置是叙永的商业中心。朱自清就居住于此。在叙永的十天里，朱自清除了写信、作诗、游山玩水外，还巧遇了新派诗人李广田。李广田是山东邹平人，1935年结业于北京大学。他当然知道朱自清在新文学界的大名了，大约在1931年，还听过朱自清在北大红楼的演讲，演讲主题是陶渊明和诗，那次演讲动静不小，主持人是北大中文系主任马幼鱼先生，著名的北大红楼下西端的大教室里挤满了人，当时的李广田，还只是北大预科的学生，也在人群中目睹了朱自清的风采。在叙永这个边城，能够和大名鼎鼎的前辈诗人、清华教授相遇，自然分外开心，在李家楼上，在出游中，李广田多次和朱自清畅谈文学，特别是白话诗的有关问题，有数次交流讨论。多年以后，李广田在《记朱佩弦先生》里说，真正和朱自清相识是在民国三十年（1941）10月，朱自清在成都休假期满，返回西南联大途经叙永，"相隔十年，朱先生完全变了，穿短服，显得有些消瘦，大约已患胃病。特别引起我注意的是他的灰白头发和长眉毛，我很少见过别人有这么长眉毛的，当时还以为这是一种长寿的征象。为了等车，他在叙永住了不少日子，我们见过几次，都谈得很愉快，主要的是谈到抗战文艺，尤其是抗战诗，这引起他写《新诗杂话》的兴致"。朱自清也很高兴能在偏僻的小地方见到文坛新秀，而且谈吐不俗，对新诗很有见地。也许就在这时候，朱自清萌生了写作

《新诗杂话》的念头。

　　十天时间说短也短，一晃间又要启程了。叙永虽然好，李家的伙食虽然可口，虽然有李广田这样新交的朋友，叙永毕竟不是久留之地，昆明的西南联大才是他工作的地方，三尺讲坛才是他心中的芳草地。1941 年 10 月 30 日，朱自清告别叙永，告别李宅，告别李广田，登上了发往昆明的汽车。在车中，在叙永渐渐退远的风景中，朱自清信口吟咏："堂庑恢廓盘餐美，十日栖迟不忆家。忽报飙轮迎户外，遂教襆被去天涯。整装众手争俄顷，握别常言乘一哗。如此匆匆奈何许，登车回首屡长嗟。"这便是那首《发叙永，车中寄铁夫》。诗中描写了在李家受到的礼遇，写了分别时的不舍。

　　如前所述，叙永滞留的一大收获就是巧遇了李广田，受多次欢谈的启发，朱自清于一个多月后，写作了论文《新诗杂论》。该文敏锐地指出了抗战以来诗歌的发展趋势：一是散文化，"为了配合抗战的需要，都朝普及的方向走，诗作者也从象牙塔里走上十字街头"；二是对胜利的展望，表现为大众的发现和内地的发现，指出："大众的力量的强大，是我们抗战建国的基础。他们发现内地的广博和美丽，增强我们的爱国心和自信心。""他们发现"又何尝不是朱自清自己的发现呢？又过不久，当朱自清收拾旧作，编一篇同名诗话集时，还在"序言"里提到了该书的缘起，1941 年，"秋天经过叙永回昆明，又遇见李广田先生；他是一位研究现代文艺的作家，几次谈话给了我许多益处，特别是关于新诗"。可能是因为体例上的关系吧，这篇文章在入集时，改名《抗战与诗》。

1941年10月31日朱自清刚到昆明，就向校方辞去中文系主任职务，由闻一多正式接任。

朱自清在昆明的住所几经迁移，夫人陈竹隐带着孩子移家成都后，他就一直住在梨园村。1941年11月12日，朱自清从梨园村迁到龙泉镇司家营17号，这里是清华文学研究所所在地。清华文学研究所成立于这年的7月，由冯友兰兼任所长，闻一多任中国文学部主任。"无官一身轻"的朱自清非常喜欢司家营17号，开始住在这里，潜心读书写作，只有联大有课时，才进城上课。

再回成都

直到三年以后，即 1944 年的暑假，朱自清才再次回家度夏。

这一次，朱自清是先乘飞机，于 1944 年 7 月 8 日到达重庆中转，同时还有一个重要事情要办，即把三年中陆续写出和编成的《新诗杂话》交给出版社。下午到达时，三弟朱国华来看他。第二天，即去作家书屋拜访姚蓬子。姚蓬子曾在抗战期间，和老舍在武汉合编中华全国文艺界抗敌协会主办的《抗战文艺》三日刊，朱自清、叶圣陶、茅盾、郑振铎等人都是该刊的编委。武汉沦陷后，姚蓬子赴重庆创办作家书屋，又和老舍等人创办《文坛小报》。朱自清把书稿交给姚蓬子后，又去拜访老舍，并遇冯雪峰、韩侍桁等人，晚上参加了蒋复璁的邀宴。蒋复璁出生于 1898 年，1923 年北京大学哲学系毕业，他和朱自清同年出生，在北大也和朱自清是同一个专业，却比朱自清晚毕业三年。1924年到1926年，蒋复璁曾在清华兼课，和朱自清又有同事之谊。蒋复璁于1940年创办中央图书馆，为首任馆长。蒋复璁请朱自清吃饭，不仅有同学之谊和同事之谊，还有同乡之谊，少不了还杂谈了古籍善本方面的话题——毕竟二位对此都感兴趣。在重庆短暂逗留的几天，朱自清一直都很忙，主要是以赴宴为主。1944年7月10日中午，应吴俊升邀宴，晚上，又出席了姚蓬子的请客。11日，又和浦薛凤一起吃饭，下午还和王化成、陆晶晶一起去看了胡秋原。胡秋原此时担任《中央日报》的主笔，他也曾独立主办过《文化评论》周报，因在该报发表的《文学与艺术至死是自由的》等论文而名噪一时。

这里要重点说说姚蓬子。

姚蓬子的请客，应该和《新诗杂话》有关。朱自清出版了不少书，却偏偏对这本集子非常看重，书稿交给他时，必定是郑重其事而特别关照的。朱自清对姚蓬子交情不深，大约只是久闻其名罢了，因为他有些才干，1930年加入了左联，一年后主编《文艺生活》，和鲁迅、茅盾、冯雪峰、郁达夫等左派阵营的作家多有交往。1933年出版了《剪影集》，鲁迅还曾写文章评论过。但是，姚蓬子其后被国民党逮捕，在南京变节，还发表《姚蓬子脱离共产党声明》，所以鲁迅对他并不欣赏。鲁迅曾在 1934 年 8 月 31 日《致姚克》的信中讽刺说："……先生所认识的贵同宗，听说做了小官了，在南京助编一种杂志，特此报喜。"抗战前，姚蓬子一边办杂志、编报纸，一边写文章，也同情进步人士，曾帮助过丁玲、田汉等进步人士逃脱国民党的牢笼。抗战以后，姚蓬子还能积极宣传抗战，加上和老舍合编《抗战文艺》有较大影响，作家书屋经营也不错，在文艺界还有不错的人脉。他请朱自清吃饭，一来是感谢朱自清供他书稿，还有可能是进一步笼络的意思。但是，事实上朱自清的这部书稿，也是历经了波折——稿子交给姚蓬子就再无消息。直到几年以后，清华大学复员回京，朱自清才在 1947 年 8 月 25 日的北平碰到他，那天是姚蓬子去拜访朱自清的，匆匆一见，还未来得及说多少话就告辞了。朱自清在那天的日记中，只有一句"姚蓬子来访"。据我推测，可能是他接收了朱自清的书稿后，三年没有出版，又不好意思解释，吞吞吐吐欲罢不能、欲说还休，只好告辞。也可能是这次拜访起了作用，姚蓬子回去以后加紧推进《新诗杂话》的出版，终于在 1947 年 12 月面世了。1948 年 1 月 23 日，朱自清收到样书时十分开心，在目录后的空白处，写了一大段话，表达对这本书出版的欣喜。

朱自清在重庆匆匆会见诸位友人后，于 1944 年 7 月 14 日晚到达家中。

不知是故意赶这个点，还是事有凑巧，这天正好是夫人陈竹隐的生日，陈竹隐在家中设了家宴，请了亲朋好友，祝贺生日。正在这时候，朱自清突然回来了，真是太高兴了，于是大家围坐一起，既吃了生日宴，也算是为朱自清的接风宴，同时也祝贺一家又团聚了。

刚回到成都的朱自清，给老朋友的印象是怎样的呢？

和三年前那次回家一样，第二天，朱自清就和陈竹隐匆匆出门，分别拜访了众多友人。叶圣陶当然也在其中了。但这一次拜访，给叶圣陶的印象是，朱自清的精神发生了变化，甚至连外貌都和三年前不一样了。在《西行日记（下）》里，叶圣陶说："午后二时许，佩弦夫妇偕来。三年为别，握手甚欢。佩弦胃病甚久，至今未愈，本为圆脸，今呈尖形，皮肤亦苍老，鬓多白发。云在此将访问医生，希得治愈，两月之后，将回昆明。仍不得长叙，未免怅然。"老朋友虽然又见面了，但因还有其他人急于拜访，只好先告别。但叶圣陶看到老朋友相貌的改变和深受胃病的折磨，只能"怅然"了。

即便是身体如此虚弱的情况下，朱自清还不忘老朋友吴宓的嘱托，于1944年7月19日这天，访问四川大学校长黄季陆，询问能否邀请吴宓来川大讲学。吴宓时任西南联大外文系教授，不知什么原因想脱离联大而到四川大学来，他所托的朱自清，既是同事兼好友，更是信得过的人，当年吴宓出国旅游一年时（1930年9月），朱自清还创作了一首《送吴雨僧先生赴欧洲》旧体诗壮行,诗曰:"惺惺身独醒,汲汲意恒赊。道术希前古,文章轻世华。他山求玉错,万里走雷车。短翮难翻举,临歧恨倍加。"吴宓是诗词高手,当然知道朱自清的夸颂了。但吴宓为什么"惺惺身独醒,汲汲意恒赊"而急急忙忙出国呢?这里固然有求学问道的原因,但和他的情感生活遇到大问题也许也有关系,用今天的话来形容,就是"一地鸡毛"——青年时期的吴宓在美国读书时,突然接到清华留美同学陈烈勋的来信(1918年11月),欲将自己的妹妹陈心一介绍给吴宓。信中说,陈心一毕业于浙江省女子师范学校完全科,心气很高,求偶标准也很高,在读过吴宓的诗文后,萌发爱慕之情。吴宓得信后,立即回信认可,并动身回到国内。得知陈心一和他在清华的大学同窗兼同桌好友朱君毅的恋爱对象毛彦文是同学时,就托朱君毅、毛彦文打听陈心一的性格脾气。毛彦文根据她对陈心一的了解,说陈心一人品不错,做朋友可以,贸然订婚则无必要。此话吴宓并未理解,或并未在意,从美国回来后,直奔杭州,来到陈家,和陈小姐见了面,感觉尚好。但正在此时,一个年轻女子飘然出现在陈家客厅,吴宓一见,心乱了,觉得对方才是他要找的爱人。未承想,此人正是他委托的媒人、朱君毅的恋爱对象毛彦文。毛彦文也是有个性的新女性,她9岁时经父母说合,和父亲的方姓朋友家订有婚约。当毛彦文从浙江女子师范毕业后,方家怕生变故,催婚很急,无

吴宓、陈心一和女儿

毛彦文

奈之下同意结婚。就在男方花轿抬到大门口时，毛彦文从后门
勇敢地逃婚而去，投奔早就私订终身的表哥朱君毅去了。毛家
只好和方家解除了婚约，又和朱君毅订了婚约。吴宓和朱君毅
在清华同学时，就读过毛彦文写给朱君毅的情书，很佩服毛彦
文的才华。当吴宓在陈家客厅初见毛彦文时，瞬间就被毛彦文
的淑女风范所吸引了。这次见面后，毛彦文回到上海。十几天
以后，吴宓便和陈心一完婚了。这时，吴宓和朱君毅同时被聘
为国立东南大学教授。在东大时期，毛彦文才正式和吴宓熟

悉。就在这时候，朱君毅突然以近亲不能结婚为由，和相恋多年的毛彦文断绝了恋爱关系。当初逃婚只为朱君毅的毛彦文，只好求助吴宓、陈心一夫妇。吴陈也两边奔走，费了很多口舌，结果终究没有说合成功。而吴宓在说合过程中，已经移情别恋，向毛彦文表白爱意。毛彦文十分反感，断然拒绝。此后吴宓到清华任教时，为追求毛彦文，反而狠心地和陈心一离婚，并不断给毛彦文写求爱信，写情诗，还把他写的情诗拿到课堂上去念，去给学生讲解，搞得全北京都知道吴宓在追求毛彦文了。吴宓就是在这种情况下，赴欧洲游学的。这才有朱自清的赠诗。毛彦文情感生活遭受打击后，也去了美国读书。吴宓的情书又从欧洲追到美国，并正式向毛彦文求婚，让其到欧洲结婚。毛彦文终于在吴宓的情书、情诗轰炸下，又念及自己也30多岁了，心有所动，觉得找一个爱自己的男人也不错，便同意和吴宓结婚。但是当毛彦文来到欧洲后，吴宓又突然变卦了，由结婚改为订婚。毛彦文因此而大哭一场。吴宓日记云："是晚，彦虽哭泣，毫不足以动我心，徒使宓对彦憎厌，而更悔此前知人不明，用情失地耳。"结婚不成后，他们双双回国，吴宓继续到清华任教，毛彦文则回到上海教书，并一直在痴等吴宓的迎娶。但吴宓仍然在几个女人之间摇摆不定。几年后，一气之下的毛彦文，嫁给了比她大近30岁的民国元老熊希龄。两年后，熊病故。抗战爆发后，吴宓和朱自清一起在西南联大教书，关系依旧很好。1943 年 7 月 29 日，朱自清日记云："雨僧为其女儿写诗一首，余以一首和之。"诗名为《雨僧以〈淑女将至〉诗见示，读之感喟，即次其韵》，诗曰："几人儿女入怀来？客影徊徨只自哀。白傅思乡驰五忆，陶公责子爱非才。失群孤雁形音杳，绕膝诸孙意兴灰。更有飞鸟将弱息，天涯望父讯频催。"朱自清为什么"读之感喟"呢？结合诗的内容看，朱自清是想起自己的几个孩子了，他们都是失群的孤雁啊！吴宓长女名叫吴学淑，故称"淑女"。彼时，吴学淑要从成都的燕京大学转到昆明的西南联大读书。吴宓高兴之余，才作了《淑女将至》旧诗一首，并请好友朱自清过目。其诗曰："万里千金当竟来，欣逢谁解我心哀。形容似母非吾喜，温婉择婿待世才。牛马生涯劳莫息，楼台仙境梦全灰。长成儿女方知孝，未尽乌丝晚景摧。"

在朱自清的多方努力下，基本上确定了吴宓可到四川来——从结果看，是先到金陵大学任教，后又到川大。有意思的是，在朱自清奔走说合过程中，四川大学校长黄季陆还于几天后，托请赵守愚来请朱自清到四川大学任教，这就有点像当初毛彦文给吴宓和陈心一做媒一样，媒做成了，把自己也裹了进去。这事颇让朱自清为难，受到四川大学的重视固然可喜，且离家又近，可以方便照顾家里。但是，清华大学毕竟是他已经任教了近 20 年的高校，有许多老友，真要离开，也让他很难割舍，所以他暂时没有表态。这事还有后续，据朱之彦在《回忆朱自清先生》一文中说："1945年暑期一次赴姨家，见报恩寺门前停一小轿车，进去，姨父告诉我：'黄季陆在此。'我乃一介寒士，自然不乐见大宾，便未进先生书房。嗣后，得知这次黄是再度登门了。第一次来聘请先生执教川大，先生以在清华多年，不当见利思迁，推却了他。第二次，黄谓先生既不愿离开清华，何妨在休假中为川大教一年课，先生又以'准备写作'辞谢。"朱之彦是陈竹隐姐姐家的孩子，此时在成都粮食部门工作，也热爱旧体诗词和猜谜等文艺，所以常到朱自清家来走动。看来，当时的四川大学和校长黄季陆，还是很器重朱自清的。

和诗程千帆

　　朱自清是在 1944 年 8 月 1 日访叶圣陶并交论文时，遇到程千帆、沈祖棻夫妇的。朱自清曾于 7 月 21 日访过程千帆，因找不到其住址而遇雨并"好不心焦"。这次却在叶圣陶家巧遇了。当时的程千帆和沈祖棻都还年轻。程千帆原名程会昌，三十刚出头，1936 年毕业于金陵大学后，到重庆任西康建设厅科员，1940 年在四川乐山中央技艺专科学校任国文教师，1942 年开始，先后任教于成都的金陵中学和金陵大学，1943 年开始任教于四川大学兼金陵大学副教授。沈祖棻 1909 年出生于苏州，家世显赫，曾祖父沈炳垣是清咸丰内阁大学士，咸丰帝的老师，祖父沈守谦精通书法金石，与画家吴昌硕为好友。沈祖棻 1930 年考入中央大学上海商学院，1931 年转学南京中央大学文学院中文系学习。从这时候开始，沈祖芬开始从事新文学创作，新诗、散文、小说、戏剧都写，显露出过人的文学才华。1934年考入金陵大学国学研究班，致力于古典文学研究，同时与中文系同窗程千帆志同道合而相爱，南京沦陷后，和程千帆一起逃到安徽乡下，匆促完婚。后来赴四川，先后在成都的金陵大学、华西大学等校任教。朱自清来叶圣陶处谈事，恰巧遇到了程千帆、沈祖棻夫妇，而此前，他们应该是认识的。依朱自清的性格，他们当时不过是略作寒暄，没有深谈什么。没想到两天以后，即1944年8月3日，朱自清家来了三位年轻的客人，其中一位，就是程千帆，另二位是华忱之和南克敬。三人都是四川大学的青年教师，南克敬还是朱自清的学生。他们这次来，可能只是出于崇敬之情才相约来拜访朱自清的，和前几天赵守愚所谈的请朱自清入四川大学任教之事并无关联，但朱自清心里有没有因此而多了一点想法呢？据徐中舒在《悼佩弦》一文中透露："成都的朋友想把他留在成都，燕大川大也都预备延聘他，我也曾做了一次说客，但是他不忍离开清华。"徐中舒的"说客"之说，大约是在1944年8月9日那天下午，徐中舒到朱自清家，邀请朱自清到齐鲁大学讲学。可能就是在这次邀请谈话中，顺带代四川大学邀请的。

　　1944年8月14日，朱自清给程千帆写信，谈其所赠的四首诗。程千帆两次见到朱自清以后，应该留下了非常好的印象，对这位五四新文学运动以来著名的诗人、作家和学者有了

更多的了解，也打内心里钦佩，才触动了他的诗情，一口气写
出了情真意切的四首绝句《奉赠四绝》，诗曰：

短梦蘧蘧感逝波，兵尘诗卷两蹉跎。

扬州年少今头白，驻景神方奈汝何。

桨声镫影秦淮水，烛转蓬飘剑外身。

为问江南旧游地，好天良夜付何人？

胸中泉石笑膏肓，坛上宗风别圣狂。

著屐我惭成佛谢，解颐人爱说诗匡。

访道何由失智愚，每惊高士杂屠沽。

后山而后风流歇，肯把金针度与无？

第二天，即1944年8月15日，朱自清日记云："写诗四
首。"就是《答程千帆见赠，即次其韵》，诗曰：

层叠年光冉冉波，波中百我看蹉跎。

白头犹自忧千岁，奈此狂驰夸父何！

桨声镫影眉头梦，数米量盐劫里身。

今日秦淮呜咽水，叛儿谁复赏心人。

师心攘臂起膏肓，乡愿轩眉掩狷狂。

忽忆尼山狮子吼，斯文兴丧不关匡。

一发文心足愈愚，辨深淄渑百家沽。

天孙乞与金针巧，却向凡夫问有无。

其一中的"白头"即白发，形容年老。唐朝韦庄《王道者》中有"白头犹自学诗狂"之句。"忧千岁"，参看元朝赵孟頫《次韵端文和鲜于伯几所寄诗》中的"百年底用忧千岁，一日相思是几秋"。"夸父"，中国古代神话人物，可参看《山海经》中的《海外北经》："夸父与日逐走，入日；渴，欲得饮，饮于河、渭，河、渭不足，北饮大泽。未至，道渴而死。弃其杖，化为邓林。"

其二中的"桨声镫影"，即"桨声灯影"。1923 年夏，朱自清和俞平伯同游南京秦淮河，并作同题散文《桨声灯影里的秦淮河》。"数米量盐"，形容过分计较于琐屑之事，也用来说明生活的贫穷和困窘。"判儿"，乐府民歌分为吴歌和西曲，有"杨判儿"为西曲歌名。这里指当年秦淮河上歌伎们唱的小曲。

其三中的"师心"，见《庄子》的《人世间》："夫胡可以及化，犹师心者也。""攘臂"，捋起衣袖的意思，意为激动的样子。《老子》："上礼为之而莫之应，则攘臂而扔之。""膏肓"，古代医学以心尖脂肪为膏，心脏与膈膜之间为肓。这里指胃病。"尼山"，山名，在山东曲阜县。"匡"，春秋卫国匡地人，《论语》的《子罕》："子畏于匡，曰：'……天之未丧斯文也，匡人其如予何？'"

其四中的"文心"：南朝梁刘勰的《文心雕龙·序志》云："夫文心者，言为文之用心也。"指文章或文思。"愈愚"：汉朝刘向的《说苑·建本》云："孟子曰：'人皆知以食愈饥，莫知以学愈愚。'""淄渑"：淄水和渑水的并称，在山东省。南朝宋谢惠连有《代古诗》，诗曰："泻酒置井中，谁能辨斗升。合如杯中水，谁能判淄渑。""天孙"，即织女星。《史记·天官书》云："婺女，其北织女。织女，天女孙也。""乞与金针巧"，即乞巧。农历七月七日夜，妇女在庭院向织女星乞求智巧。南朝梁宗懔《荆楚岁时记》："七月七日为牵牛织女聚会之夜。是夕，人家妇女结彩缕，穿七孔针，或以金银石鍮为针，陈瓜果于庭中以乞巧，有喜子网于瓜上则以为符应。""却向凡夫问有无"，此句朱自清有自注，曰："千帆释诗诸作，剖析入微，心细如发。"程千帆曾于1939年出版《目录学丛考》，由上海中华书局印行。1943年又出版《文学发凡》，由金陵大学出版社印行。朱自清应该知道这两本书。另外，程千帆发表在各学术期刊上的论著，朱自清应该时有看到。

　　程千帆接到朱自清的信和和诗后，非常开心，于1944年8月17日，再次来到朱自清的家里，给朱自清送来了精心挑选的不少图书。为了感谢程千帆的赠书，朱自清又于本月24日回访了程千帆，还在他家吃了午饭。到了9月24日，即朱自清赴昆明西南联大的前两天，应四川大学教授殷孟伦的邀宴，在酒桌上，又遇到了程千帆夫妇。程千帆夫妇听说朱自清马上就要赴西南联大了，少不了会多敬几杯吧。转瞬又是一年，到了1945年暑假期间，7月9日下午，程千帆等来访，又一起去望江楼吃茶，边饮边谈古典文学，这正是朱自清和程千帆共同精研的学科。1946年的暑假期间，朱自清的日记中，又有多次和程千帆互访、聚谈、共饮的记录。显然，相识较晚的程千帆，已被朱自清引为知己。

给《三叶》作序

1944年9月11日，朱自清日记云："读《花萼》与叶之手稿。"第二天，《序叶氏兄弟的第二个集子》写完。这是朱自清应叶圣陶的邀请，为其三个孩子叶至善、叶至美、叶至诚的第二本作品集《三叶》所作的序言。

1944年的暑假，从7月14日到家，至9月28日离开成都，一共两个多月。在这两个多月里，朱自清依旧忙碌，除看胃病是"主旋律"外，和朋友们的往来走动、赴学校演讲之外，还写作了杂论《短长书》、散文《外东消夏录》《重庆行记》共三篇，仅《重庆行记》就费时达半个月。此外还有《答程千帆见赠，即次其韵》《贺廖辉如先生六十寿辰》诗，另外就是这篇《序叶氏兄弟的第二个集子》了，成果不算少，另外还就吴宓到四川大学讲学事宜交涉了三四次，而和叶圣陶的交往，依旧是他交谊的主旋律——到家第二天就访问了叶圣陶，7月21日再访叶圣陶，当日中午还在叶圣陶家吃饭，8月1日、12日，都到访了叶家，12日下午还和叶圣陶一起去书场听书。就是在这几次交往中，叶圣陶透露了子女们第二个作品集《三叶》已经编就，请老友为《三叶》作序就理所当然了。这篇序言不长，全文如下：

　　这是叶氏男女兄弟三人的第二个集子。第一集《花萼》里杂文多，这一集里小说多。但是这些小说似乎还是以纪实为主。这种写实的态度是他们写作的根本态度，也是他们老人家圣陶兄写作的根本态度。圣陶兄自然给了他们很大的影响，可是他们也在反映这个写实的理智的时代。他们相当的客观和冷静，多一半是时代的表现。

　　圣陶兄是我的老朋友。我佩服他和夫人能够让至善兄弟三人长成在爱的氛围里，却不沉溺在爱的氛围里。他们不但看见自己一家，还看见别的种种人；所以虽然年轻，已经多少认识了社会的大处和人生的深处，而又没有那玩世不恭的满不在乎的习气。言为心声，他们的作品便透露着这些。他们的写实并不是无情的，尽有忧愤蕴藏在那平淡里。不过究竟年轻，笔端虽然时而触着人生的深处，到了一本正经发议论，就好像还欠点儿火候。

至善是学科学的，他的写作细密而明确，可见他的训练的切实。《花萼》中《成都盆地的溪沟》和《脚划船》二篇读起来娓娓有味。本集里《某种人物》和《雅安山水人物》从大自然钻进社会里，见出人格的发展，难得的还是这么细密而明确，《雅安山水人物》里"背子"的描写便是适当的例子。至诚虽是个小弟弟，又是个"书朋友"，他的观察力和记忆力却骎骎乎与大哥异曲同工。《厂乂鱼》和《成都农家的春天》，尤其是后者，真乃头头是道，历历如画。他对于人生的体会也有深到处，如《花萼》里《宣传》篇所暗示的，意味便很长。

但更可注意的也许是他那篇拟索洛延的小说，《看戏》。索洛延本以"孩子话"著名，还带着几分孩子气的至诚，拟来自然容易像些。可是难在有我，这里有他的父亲和母亲，有中国这个时代，有他自己的健康的顽皮和机智，便不是一步一趋的拟作了。这兄弟三人由杂文向小说进展，倒是一条平整的通达的路。前些年的小品散文偏重抒情和冷讽，跟小说也许隔得远些，现在的杂文偏重在报告和批评，范围宽了，跟小说也就近了。打稳了杂文的底子再来写小说，正是循序渐进的大路。兄弟三人似乎都在向这方面努力，而至美的努力最大。

种种小说虽然巧妙不同，但是铸造性格铸造人物似乎是基本工作，就像学画的必得从木炭画下手。至美已经看到这一着。她写《门房老陈》和《江大娘》，已经能够教他们凸起在纸上。她能够捉摸着他们单纯的特性，重复而有变化的烘托着，教读者爱上这些人物。这些人物的世界好像跟读者隔得那么远，可是又靠得这么近似的。这就是至美的努力了。

我初次看见这兄弟三人的时候，他们还都是些孩子，记得还和他们在圣陶兄的亭子间里合照过一张相来。这张照相该还在那儿箱底下存着罢。现在看见他们长大成人，努力发展，找到了自己的路，难能可贵的是不同而同的路，我真高兴。我是乐于给他们的联珠续集写这篇序的。

朱自清在序言中，对叶至善、叶至美、叶至诚三兄妹的作品合集，做了中肯而热情的评介，评介中又多有鼓励之词，像一个长辈对晚辈的教诲。《三叶》直到几年后的 1949 年 1 月，才由文光书店出版。

朱自清序中所说的叶氏兄妹的另一个集子《花萼》，也由文光书店于 1943 年出版，这本书中收录的文章，都经过叶圣陶的细心指点，在编集时，又认真审校一遍。仅从书名看，也蕴含着父亲的良苦用心，花萼，也作华萼，棠棣树之花，萼蒂两相依，有保护花瓣的作用，古人常用"花萼"来形容兄弟友爱，兄弟情深。《花萼》的序言，是由叶圣陶另一位好友宋云彬所作。《花萼》和《三叶》除二位师长的序言外，都有叶至善的自序。叶至善出生于1918年，在两书出版时他已经是一个焕发出书生气质的青年了，在选编《三叶》时，因为父亲的关系，到开明书店任编辑了。《花萼》和《三叶》这两个集子的出版，在叶圣陶的朋友间一时传为美谈。三兄妹的这两本书，到1983年9月，由生活·读书·新知三联书店，合在一起出版了《花萼和三叶》，把宋云彬和朱自清的序也一并收入。有意思的是，叶至善、叶至美、叶至诚的文章新的合集《未必佳集》，也由三联书店于1984年8月出版了，"未必佳"当然是谦虚之词了，主要还要把这种美谈继续下去。该书第一辑"至善之页"收叶至善文章19篇；第二辑"至美之页"收叶至美文章8篇；第三辑"至诚之页"收叶至诚文章15篇。序言由叶至善所写。这时候，距朱自清为他们三兄妹第二本合集《三叶》所作的序言，已经整整相隔了40年。这里可以多说一句，20世纪80年代末，叶至诚担任《雨花》主编期间，我曾多次给《雨花》投稿而不中，后来干脆把稿子直接投给了叶至诚，并附了一封信，表示自己的稿子没有得到重视。后来收到了编辑姚忠瑞对该稿的审稿意见（应该是叶至诚转给姚忠瑞的），并在信中暗示我不要直接给主编投稿。后来我的小说在《雨花》发表，就是姚忠瑞担任的责任编辑。

在朱自清的这篇序言中，有一句看似不经意的话，却也透出了心中的羡慕："圣陶兄是我的老朋友。我佩服他和夫人能够让至善兄弟三人长成在爱的氛围里，却不沉溺在爱的氛围里。"朱自清在写下这段字句时，必定想起自己的家庭，想到自己的子女。朱自清由于原配武钟谦去世，加上子女多，又分散两处生活，家累一直很重，也没有把所有子女留在身边一起生活，没有让子女们一直"长成在爱的氛围里"。特别是不久前的 1944 年 8 月 19 日，次女朱逖先因患急病不幸去世，才 21 岁，更使他心中悲哀。朱自清在《我是扬州人》一文中伤心地说："这中间叫我痛心的是死了第二个女儿！她性情好，爱读书，做事负责任，待朋友最好。已经成人了，不知什么病，一天半就完了！"而长子朱迈先，更是早早就从军抗战，转战在烽火连天的前线，又是多天没有消息了，朱自清时时牵挂儿子的命运。而这种牵挂，是很折磨人心的，因为不知道什么时候就会闪现出来。1945 年暑假，朱自清刚一回成都，叶圣陶看到来访的朱自清，对朱自清的印象是："渠近来心绪不好，次女在扬州夭逝，长子在军中，去年广西战役以后，迄今无消息，料是凶多吉少。闻此亦无辞以慰之。"（叶圣陶《西行日记（下）》）连多年的老友都不知道如何安慰了，可见朱自清的心里该有多痛苦和无奈，在承受怎样的磨难啊！所以，朱自清在写作《三叶》的序言时，才由衷地流露出对叶圣陶一家的羡慕之情。

滞留重庆三天

　　朱自清是 1944 年 9 月 28 日动身返回昆明的，飞机于当天到达重庆，由于转机时没有订到机票，只能滞留在重庆。朱自清一边设法搞机票，一边和亲朋好友相聚，也落得三天难得的清闲时光。

　　当天晚上，朱自清应蒋复璁邀请，赴蒋复璁安排的晚宴。

　　早在 1933 年 2 月 16 日，蒋复璁刚刚回国不久，就和赵万里一起访朱自清。朱自清日记云："慰堂来，谈绍华夫人在海船中情形，又谈绍华、梁任近况。" 2 月 19 日，朱自清在同和居邀宴蒋复璁，陪同的有赵万里等，朱自清当天的日记云："午宴慰堂于同和居，座有汇臣、斐云。谈话甚痛快，论时局，论徐森玉，皆可听。他们论及作事之难，令余悚然。" 到了 3 月 5 日，朱自清再访蒋复璁，朱自清日记云："访慰堂，谈托赵斐云查《四库》目及托梁廷灿作文事。"然后在访问了黄晦闻后，又和蒋复璁在名为一亚一的饭店吃午饭。和蒋复璁在短短不到二十天的时间里三次见面，可以证明他们的交情之深了。

这次在重庆接到蒋复璁的邀宴，因过两天的 10 月 1 日是中秋节，朱自清给他捎了点礼物，即家乡风味的火腿干菜月饼。未承想，蒋复璁死活不收。两个多月前，朱自清暑假从昆明回来路经重庆时，蒋复璁已经安排了吃饭，朱自清无非是想感谢一下这位老乡兼老朋友。遭到善意的拒绝后，朱自清遂作诗一首以示调侃，诗名相当于小引，把过程也写了进去，曰《中秋节近，以火腿干菜月饼贻慰堂，皆乡味也。慰堂峻却不受，作此调之》，诗云：

饼饵聊随俗，先生拒勿深。
团圞中秋月，迢递故乡音。
且快屠门嚼，还同千里心。
物轻人意重，佳节俊难禁。

诗中的"饼饵"，系饼类食品的统称。唐朝白居易在《六年立春日人日作》里有"盘蔬饼饵逐时新"之句。"聊随俗"，南朝宋刘义庆在《世说新语》的《任诞》篇里说："阮仲容步兵居道南，诸阮居道北；北阮皆富，南阮贫。七月七日，北阮盛晒衣，皆纱罗锦绮。仲容以竿挂大布犊鼻裈于中庭。人或怪之，答曰：'未能免俗，聊复尔耳。'""拒勿深"，意为不要拒绝得这么坚决嘛。"团圈"，圆貌。五代前蜀牛希济在《生查子》中有"新月曲如眉，未有团圈意"。"迢递"，遥远之意。三国魏嵇康在《琴赋》中说："指苍梧之迢递，临回江之威夷。""屠门嚼"，比喻羡慕不能得而聊以自慰，典出汉朝桓谭的《新论》："人闻长安乐，则出门西向而笑，肉味美，对屠门而嚼。"和"画饼充饥"意思相近。"千里心"，南朝宋鲍照在《岁暮悲诗》中有"丝胃千里心"之句。"物轻人意重"，原句出自宋朝李之仪的《临江仙》："物轻人意重，千里赠鹅毛。"朱自清在这首诗中多处用典，又不失其意趣，确有调侃之意。

可能是朱自清在去成都前，陈竹隐给他的行李中塞了几样点心，加上中秋节临近，就给他带上一款具有江苏风味的月饼。不过火腿月饼我是吃过的。干菜月饼，或火腿和干菜混合馅子的月饼我还没有吃过。在写这段文字时，正巧也是中秋节前几日，我便去附近的稻香村买月饼，专挑干菜月饼，答曰：没有。火腿干菜月饼呢？也没有。只有火腿月饼，且叫"云腿月饼"，"云腿"，也即火腿的一种，十一块钱一块。我买了几块回来尝尝。看外包装上的配料，有这样的文字："云腿馅（云腿肉丁 50%、白砂糖、小麦粉、蜂蜜）……食用猪油……食品添加剂……"食之，确实不错，甜香之余，火腿也有嚼劲。朱自清胃不好，想来他也会少吃点吧。

1944年9月29日，朱自清访王化成。王化成是江苏镇江人，1923年和顾毓琇、吴景超、梁实秋一起赴美留学，获美国芝加哥大学政治学博士学位，回国后入清华大学任教，主讲《国际公法》《国际条例》《国际组织》等课，和朱自清是清华大学的同事且过从甚密，西南联大时期也是同事，1939年初，和浦薛凤一起，被调入重庆民国政府外交部工作。朱自清没有买到机票，就来找这位老朋友叙旧，恰巧又遇到另一个老朋友、同样在外交部工作的前清华同事叶公超。遇到两位老友，也算是打发了时间。

朱自清作"火腿干菜月饼"诗之后，似乎还不过瘾，加上等机无事，在30日这天，和来访的三弟朱国华长谈之后，又作《卅三年夏，与慰堂、士生重聚于陪都，谈笑欢甚，作此纪事，兼赠二君》三首。从标题看，"卅三年夏"应该指两个多月前的7月29日晚上的那场邀宴。"慰堂"是蒋复璁的号。"士生"不知是谁。诗曰：

> 不知有此乐，廿载各驱驰。
>
> 孰意萍踪聚，相看梦影疑。
>
> 笑谈随所向，礼法勿须持。
>
> 慷慨无当世，居然少壮时。

风流承别下，声气接通人。

四库英华出，东观轮奂新。

求书赴汤火，分目足梁津。

自得百城乐，焉知十丈尘。

历尽崎岖路，犹存赤子心。

直言增妩媚，阅世晓晴阴。

眼底蛮争触，人前尺换寻。

从来有夷惠，宁与俗浮沉。

　　该诗前两首是写给蒋复璁的。其一中的"驱驰"，即奔走之意。唐朝李白在《送友生游峡中》说："几年同在此，今日各驱驰。"其二中的"别下"，指蒋复璁的曾祖蒋光煦，是清代著名藏书家，其藏书楼为"别下斋"，藏有古籍十余万卷。"四库英华出"指蒋复璁曾精选《四库全书》中的232种196册影印出版。"东观"，东汉洛阳南宫内观名，为皇帝的藏书之所，这里指中央图书馆，蒋复璁任该馆馆长多年。"汤火"，比喻滚水与烈火。唐朝王维在《燕支行》里有"教战虽令赴汤火，终知上将先伐谋"之句。此句朱自清自注云："谓抗战后冒险赴沪求书。"1941年初，蒋复璁冒着生命危险潜入沦陷区上海，协同张元济、郑振铎等人组织"文献保护同志会",对沦陷区的古籍展开抢救和收购,收集了大量宋元刊本等珍贵古籍 3800 多种数万册,极大地丰富了中央图书馆的藏书。"津梁",指渡口和桥梁。"百城",出自《魏书》的《逸士传》中的《李谧篇》:"丈夫拥书万卷,何假南面百城。""十丈尘",指繁华之处。

朱自清这次在重庆多待了三天,也因此耽误了计划中的返校时间,直到 1944 年 10 月 1 日,即传统中秋佳节当天,才飞到昆明。不过因此而得诗四首,又和老朋友蒋复璁、王化成、叶公超畅快聊天,并和胞弟见面长谈,也算是一种收获吧。

巧遇丰子恺

　　1945 年 6 月 29 日下午，又是一年暑假时，昆明有成都的直飞航班，朱自清由昆明回到了家中。这天的日记，朱自清是这样写的："去学校领薪未果。归途遇绍谷与岱孙乘小汽车在四处找我。绍谷已为余订购机票，十分钟内打点行装。在乔家与乔君夫妇共进午餐。下午二时十五分起飞，五时抵成都，七时到家。与戚观之夫妇、袁方与王笙泽同机。袁系参加七月十日左右召开的劳工会议，访金、祁二家。"到家以后，依以往惯例，第二天即出门访友了，分别见过了叶圣陶、赵守愚、吴宓、程千帆等老朋友。朱自清还从叶圣陶处借了《中国新诗形律评说》《中国诗论集》二书。叶圣陶在 6 月 30 日日记中说："忽佩弦来，殊出意外，为之狂喜。据云因有直航飞机之便，遂回来休息一暑假。"这里用一个"忽"字，说明叶圣陶没有想到朱自清会突然光临，大出意外后的狂喜也就是必然的了。

　　几天以后，即1945年7月12日，朱自清便来到燕京大学，他是应燕京大学文协成都分会所举办的文艺讲座的邀请，做一场"新诗的趋势"的演讲。这个题目和内容是朱自清讲熟了的，讲起来应该轻松而精彩。但是，朱自清在当天的日记中说："上午到燕京大学讲新诗课，表慢一小时，颇窘。又声音过低，讲课很不成功。"该讲座是由叶圣陶主持的，为系列讲座，先后演讲的，还有郭有守、叶圣陶、邹荻帆、吴组缃、李劼人、丰子恺等人。而1945年的暑假，让朱自清也有"忽然"之喜的是，好友丰子恺也来成都了，他是从重庆来成都搞画展的。7月15日，在章锡珊、叶圣陶请客的酒宴上，朱自清和丰子恺相遇了。朱自清和丰子恺最初相识于浙江上虞白马湖畔的春晖中学，两人不仅是春晖中学的同事，还相邻而居，两家人相处也十分融洽，孩子们在一起玩闹也十分开心。朱自清和俞平伯办杂志和出版图书，都请丰子恺搞过插图或封面设计，甚至"漫画"二字也是经朱自清提议才沿用的。朱自清还给丰子恺最初出版的两本漫画集写跋作序，高度赞扬了丰子恺漫画的独特风格和人文意味。后来朱自清北上清华任教，丰子恺依旧在上海教书、著文、画画，朱自清回南方探亲或办事时，也多次拜会丰子恺，友谊越来越深。抗日战争爆发后，丰子恺建在家乡石门湾的缘缘堂在日军的炮火下化成灰烬，丰子恺悲愤之余，带全家逃离了沦陷区，在大后方艰难谋生，也不断用漫画形式宣传抗日。1941 年在遵义绘成了《子恺漫画全集》。1942年秋，丰子恺到达重庆，任教于国立艺术专科学校，一年后辞职，在家中专事著述和画画。

这次能在成都和丰子恺相遇，两位老友自然都十分开心。1945 年 7 月 17 日这天，朱自清在家接待了来访的徐中舒，长谈甚久。徐中舒是古文字学家，有清华背景，1926 年毕业于清华大学国学研究院，师从王国维、梁启超等著名学者。其《古诗十九首考》曾得到刘大白、陈寅恪等人的赏识，他和朱自清趣味相投，很能谈得来，1944 年朱自清在成都度假时，他就和朱自清一起聚谈多次。这次来谈之后，朱自清情绪不错，趁势写出了关于和丰子恺交往的旧体诗四首，题目为《卅四年夏，余自昆明归成都，子恺亦自重庆来，晤言欢甚，成四绝句》，诗曰：

千里浮萍风聚叶，十年分袂雪盈颠。

关河行脚停辛苦，赢得飘髯一飒然。

应忆当年湖上娱，天真儿女白描图。

两家子侄各弁冠，却问向平愿了无？

执手相看太瘦生，少年意气比烟轻。

教鞭画笔为糊口，能值几钱世上名？

锦城虽好爱渝州，一片乡音入耳柔。

敝屋数椽家十口，慰情只此似吴头。

　　四首内容既独立又相互关联的诗，描述了朱自清和丰子恺从当年的初识，到各自为生计奔忙，再到相会于成都，深情地回忆了 20 多年来，两家的交往和深厚的情谊，于淡淡的哀伤中，透出一丝明快。

　　其一中的"袂"，指衣袖的意思，"分袂"，即分别之意。南朝宋谢惠连在《西陵遇风献康乐》中有"饮饯野亭馆，分袂澄湖阴"之句。"颠"，顶端、头顶之意，"雪盈颠"，即满头白发。"关河"，泛指山关河谷。见宋朝柳永在《八声甘州》里"渐霜风凄紧，关河冷落，残照当楼"的词句。"行脚"，走路之意。唐朝杜牧在《大梦上人自庐峰回》中有"行脚寻常到寺稀，一枝藜杖一禅衣"之句。"飘髯一飒然"，丰子恺在抗战开始后蓄须。唐朝李白在《古风》之二十八里有"华鬓不耐秋，飒然成衰蓬"之句。

　　其二中的"湖上"，指白马湖。1924 年秋至 1925 年夏，朱自清和丰子恺同在白马湖私立春晖中学任教，并毗邻而居，后因学校风潮，丰子恺先期离校到上海谋生。"天真儿女白描图"之句，朱自清有自注，云："子恺诸儿及小女采芷皆曾入画。""笄"，簪子。笄冠，古代女子15岁即可以盘发插笄，男子20岁则举行加冠礼，表示成年，此句表示孩子们已经成年。"向平"，东汉高士向长，字子平，隐居不仕。子女婚嫁既毕，即开始漫游，后不知所终。可参见《后汉书》中的《逸民传》之《向长》篇。以后，"向平"便代指子女嫁娶既毕之典。唐朝白居易在《闲吟赠皇甫郎中亲家翁》中有"最喜两家婚嫁毕，一时抽得向平身"之句。

其三中的"执手相看太瘦生"句，参看宋朝柳咏的《雨霖铃》中的"执手相看泪眼，竟无语凝噎"之句。唐朝李白《戏赠杜甫》中有"借问别来太瘦生，总为从前作诗苦"之句。这里指两个人的相貌。"世上名"，唐朝孟浩然在《自洛之路》中有"且乐杯中物，谁论世上名"之句。

其四中的"锦城"是成都的别称。"敝屋"，破旧之屋。宋朝苏辙在《葺东斋》里有"敝屋如燕巢，岁岁添泥土"之句。"椽"，旧时房屋间数的代称。"吴头"，吴即吴国，代指长江下游地区，丰子恺老家为浙江崇德，属于吴地。朱自清有自注云："记子恺语。"

从这首诗看，朱自清是怀着欣喜之情的。20多年的老友相见，丰子恺又正在忙于筹备画展。为了支持丰子恺，朱自清还托朋友代购了丰子恺的两幅画，算是尽一点心意吧。此举丰子恺当时应该并不知情。很多年以后，丰华瞻在《丰子恺与朱自清》一文中，记述了这一段经历："一九四五年七月初，我父亲从重庆到成都去开画展，与阔别二十年的朱先生重聚了。当时在白马湖畔，彼此都是青年，这时则已渐入老境，彼此相见，共话沧桑，感慨一番。老友重逢，请吃一餐饭本是当然的事，但是由于抗战时期物价飞涨，公教人员待遇微薄，朱先生竟穷得连一餐饭都请不起。好在彼此是知交，不会见怪。朱先生没能请吃饭，就写了四首诗赠给父亲，以表示心意。这四首诗，父亲回重庆后贴在家中墙上。"但即使朱自清请不起老友一餐饭，也要花钱买丰子恺的画，而且是请朋友代购，瞒过了丰子恺，这更是朋友道，也是真心支持。当时丰子恺家累也很重，一家数口只靠他的一支笔支撑。

靠办画展销画，是丰子恺收入的大头，当时去了不少地方搞画展。1942年春，丰子恺在泸州开过画展，1948年12月上海时代书局出版的《蒙尘集》中，有《颂子恺》一诗，作者海戈，诗曰："人生何处不相逢，底事相逢患难中？我在教书生意苦，君来卖画商人红。寥寥数笔传神款，淡淡三餐赖独谋。书面几乎包了去，蓉城记否有丰封？"诗中说，本来作者和丰子恺都在上海谋生，曾在《论语》上发表不少杂文小品，丰子恺为这本杂志提供画稿。上海沦陷后，没想到回到家乡泸州的海戈，却迎来了老相识丰子恺。该诗作者海戈在三、四句有自注，曰："三十一年春，子恺来我的故乡开画展，始相识于一茶肆中。"谈及二人的处境，海戈听说丰子恺所执教的国立艺专，收入居然比他所任职的私立学校还少。丰子恺来卖画，属于"不得已"。1943 年，丰子恺从泸州、自贡、五通桥，一路来到乐山，相约避居乐山的马一浮为弘一大师作传，在乐山也举办了一次个人画展并卖画。这次到成都办画展，赶巧碰上了朱自清。

　　1945 年 7 月 19 日，丰子恺画展筹备期间，朱自清还拜访了丰子恺、陶载良，并遇到了叶圣陶、胡赞平等人，又一起游览了青羊宫。朱自清在这天的日记中说："访余中英未晤，留签托为代购一幅子恺的画，并通过陈述民君转告张仲铭，亦请其代购子恺之画。"朱自清为了支持丰子恺卖画，怕当着丰子恺的面买画，让其难为情，而托两位朋友代购，也真是煞费苦心啊。7 月 21 日这天下午，朱自清又约丰子恺、叶圣陶、吕叔湘、王楷元、卢剑波等人在望江楼喝茶叙谈。晚上和丰子恺、叶圣陶一起赴郭有守家喝酒，这是郭有守特意安排的欢迎宴。7 月 22 日下午，和吴组缃一起，赴丰子恺画展的预展，遇到叶圣陶、谢冰莹等。丰子恺的画，风格独特，大多充满情趣，富有哲理而平易近人，具有不一般的艺术感染力，从画面看，似乎在勾勒每个人身边的人和事，不经意间总能触动人的心弦。朱自清、叶圣陶等人能参观预展，一来是朋友捧场，二来也是真心佩服和喜欢丰子恺的画。看了预展后，一行人又于晚上，参加了由开明书店同人举办的欢迎茶会，欢迎朱自清、丰子恺和陶载良。

1945 年 7 月 24 日，朱自清再次出席一场欢迎宴会，这是出席文协成都分会为欢迎冯玉祥、吴组缃、姚雪垠、丰子恺、朱自清、戴镏龄等专门设立的，也兼谢为"文艺讲座"做演讲的诸人。会议由叶圣陶主持，冯玉祥、吴组缃、朱自清、丰子恺等人相继发了言。这一次欢聚，是朱自清和丰子恺在成都暑假期间的最后一次见面。

最后一个暑假

 1946年6月13日，朱自清在昆明分别拜访了还在昆明的林徽因、张若奚、闻一多、潘光旦、许维遹等同事朋友后，于第二天登上了飞机，晚上抵达重庆。15日，抽空去看了老朋友章锡珊和丰子恺，于16日乘汽车赴成都，当晚到达内江，并就地住宿，朱自清当天的日记云："晨乘长途汽车，编号上车。前排为一对讲泸州方言之夫妇，盖世太保也。座旁为一讲本地方言之女子。在永川镇午饭，未到椑木镇天即降雨。等渡船两小时，一辆青年军汽车定要走在我们前面，他们大概看准我们的车要出毛病。果然，离内江不到一公里，司机发现两个车胎坏了，只好停车，雇人力车到镇找旅舍住下。两小时后，汽车方到并卸下行李。劳累不堪，致吃的一碗面全吐光，赶紧休息。大雨彻夜不停。"经过这一番折腾，朱自清于17日晚上回到成都家中。自此，朱自清的西南联大生活才告结束。

　　而 1946 年的暑假，也是他在成都的最后一个假期。朱自清刚一到家，就去刘云波医院探望生病的陈竹隐。朱自清在 6 月 18 日日记中说："去刘大夫医院看望妻，她很衰弱，大夫称她心脏甚弱，建议在医院多住一日。"

　　对于成都的妇产科医生刘云波，朱自清一家都是心怀感恩的。陈竹隐及孩子生病，都幸得刘云波的悉心照料。朱自清还在 1944 年 8 月 20 日，撰写一副对联，请叶圣陶书写，赠送给刘云波："生死人而肉白骨，保赤子如拯斯民。"到了 1948 年 3 月，朱自清胃病已经很严重了，朱自清念及刘云波的医德，还写了一篇散文《刘云波女医生》，叙述了朱自清一家与刘云波的交往并歌颂其高尚的医德。该文说："刘云波是成都的一位妇产科女医师，在成都执行医务，上十年了。她自己开了一所宏济医院，抗战期中兼任成都中央军校医院妇产科主任，又兼任成都市立医院妇产科主任。胜利后军校医院复员到南京，她不能分身前去，去年又兼任了成都高级医事职业学校的校长，我写出这一串履历，见出她是个忙人。忙人原不稀奇，难得的她决不挂名而不做事；她是真的忙于工作，并非忙于应酬等等。她也不因为忙而马虎，却处处要尽到她的责任。忙人最容易搭架子，瞧不起别人，她却没有架子，所以人缘好——就因为人缘好所以更忙。这十年来成都人找过她的太多了，可是我们没有听到过不满意她的话。人缘好，固然；更重要的是她对于病人无微不至的关切。她不是冷冰冰的在尽她的责任，尽了责任就算完事；她是'念兹在兹'的。"

　　因陈竹隐和刘云波是中学同学，又是最好的朋友，在朱自清移家成都后，陈竹隐就更加频繁地和刘云波往来了。朱自清在文中记述了他们一家和刘云波的关联："内人带着三个孩子在成都一直住了六年，这中间承她的帮助太多，特别在医药上。他们不断地去她的医院看病，大小四口都长期住过院，我自己也承她送打了二十四针，治十二指肠溃疡。"接着朱自清介绍了他的经历和好医生的事例："她是在德国耶拿大学学的医，在那儿住了也上十年。在她自己的医院里，除妇产科外她也看别的病，但是她的主要的也是最忙的工作是接生，找她的人最多。她约定了给产妇接生，到了期就是晚上睡下也在留心着电话。电话来了，或者有人来请了，她马上起来坐着包车就走。有一回一个并未预约的病家，半夜里派人来请。这家人疏散在郊外，从来没有请她去看过产妇，也没有个介绍的人。她却毅然地答应了去。包车到了一处田边打住，来请的人说还要走几条田埂才到那家。那时夜黑如墨，四望无人，她想，该不会是绑票匪的骗局罢？但是只得大着胆子硬起头皮跟着走。受了这一次虚惊，她却并不说以后不接受这种半夜里郊外素不相知的人家的邀请，她觉得接生是她应尽的责任。"对于刘云波的医德的形成，朱自清说："她没有结婚，常和内人说她把病人当做了爱人。这决不是一句漂亮话，她是认真的爱着她的病人的。她是个忠诚的基督徒，有着那大的爱的心，也可以说是'慈母之心'——我曾经写过一张横批送给她，就用的这四个字。她不忽略穷的病家，住在她的医院里的病人，不论穷些富些，她总叮嘱护士小姐们务必一样的和气，不许有差别。如果发觉有了差别，她是要不留情地教训的。街坊上的穷家到她的医院里看病，她常免他们的费，她也到这些穷人家里去免费接生。对于朋友自然更厚。有一年我们的三个孩子都出疹子，两岁的小女儿转了猩红热，两个男孩子转了肺炎，那时我在昆明，内人一个人要照管这三个严重的传染病人。幸而刘医师特许小女住到她的医院里去。她尽心竭力地奔波着治他们的病，用她存着的最有效的药，那些药在当时的成都是极难得的。小女眼看着活不了，却终于在她手里活了起来，真是凭空地捡来了一条命！她知道教书匠的穷，一个钱不要我们的。后来她给我们看病吃药，也从不收一个钱。……我们当然感谢她，但是更可佩服的是她那把病人当做爱人的热情和责任感。"朱自清最后感叹说："她出身在富家，富家出身的人原来有啬刻的，也有慷慨的，她的慷慨还不算顶稀奇。真正难得的是她那不会厌倦的同情和不辞劳苦的服务。富家出身的人往往只知道贪图安逸，像她这样给自己找麻烦的人实在少有。再说一般的医师，也是冷静而认真就算是好，像她这样对于不论什么病人都亲切，恐怕也是凤毛麟角罢！"

朱自清的这篇文章写于 1948 年 3 月 17 日，收入《朱自清全集》第 4 卷时，末尾写为 4 月，当是误写了。

一回成都的朱自清就赶上了爱人生病。好在陈竹隐有这么一位好医生刘云波，又是同学兼朋友，让朱自清并不怎么担心，在医院陪了两三天，到陈竹隐出院之后，即开始他和朋友们之间的走访。

1946 年 6 月 22 日，朱自清走访了老朋友吴宓、赵守愚、刘明扬等。吴宓和朱自清早在清华时就是老朋友了，当年吴宓主编天津《大公报》的《文学副刊》，就邀朱自清供稿，后任清华大学外文系教授兼系主任。西南联大期间继续和朱自清成为同事并任西南联大外文系代理系主任。1944 年暑假期间，朱自清还帮他牵线搭桥到成都的高校任教，当年秋，吴宓任燕京大学教授，1945 年 9 月起，改任四川大学外文系教授。老朋友们相见，想必格外的开心。

1946 年 7 月 23 日，应程千帆、沈祖棻夫妇邀请，到他家赴宴，在座的还有叶石荪等人。24 日，再赴叶石荪的邀宴。27日再访程千帆等人。28 日接待来访的南克敬，与之长谈。29 日赴吴景超夫妇邀宴。7 月 1 日参加了一场大的聚餐，邀请人是彭雪生，宴会地点在荣禾园，参加宴会的还有成都的名流李劼人、周太玄、萧公权、钱穆、吴宓、谢文通、叶石荪等。这次聚饮后，萧公权诗兴大发，作诗《客倦》一首相示，朱自清即于7月5日和诗一首。这次和诗，同时也引发了朱自清把在成都期间所作的诗稿整理成集的愿望，并于7月7日动手，编成了《犹贤博弈斋诗钞》。编诗集的当晚，还出席了罗念生的邀宴，在座有秦善鋆等，相谈甚欢。

此后的几天，朱自清创作了杂论《动乱时代》，该文开篇即指出："这是一个动乱时代。一切都在摇荡不定之中，一切都在随时变化之中。人们很难计算他们的将来，即使是最短的将来。这使一般人苦闷；这种苦闷或深或浅地笼罩着全中国，也或厚或薄地弥漫着全世界。在这一回世界大战结束的前两年，就有人指出一般人所表示的幻灭感。这种幻灭感到了大战结束后这一年，更显著了；在我们中国尤其如此。"朱自清着重分析了动乱时代的三种人：一种是陷入颓废与投机的人；一种是愤然而起、要改造这个国家和这个世界的人；还有一种人是不甘颓废，也无法负担改造的任务，只守住自己岗位的人。朱自清把希望寄托在后两种人的身上。这是受《中央日报》友人特约的文章，不太好修辞，所以文章整体上很含蓄。7月15日，写作散文《教育家的夏丏尊先生》，文章不长，全文如下：

　　夏丏尊先生是一位理想家。他有高远的理想，可并不是空想，他少年时倾向无政府主义，一度想和几个朋友组织新村，自耕自食，但是没有实现。他办教育，也是理想主义的。最足以表现他的是浙江上虞白马湖的春晖中学，那时校长是已故的经子渊先生（亨颐）。但是他似乎将学校的事全交给了夏先生。是夏先生约集了一班气味相投的教师，招来了许多外地和本地的学生，创立了这个中学。他给学生一个有诗有画的学术环境，让他们按着个性自由发展。学校成立了两年，我也去教书，刚一到就感到一种平静亲和的氛围气，是别的学校没有的。我读了他们的校刊，觉得特别亲切有味，也跟别的校刊大不同。我教着书，看出学生对文学和艺术的欣赏力和表现力都比别的同级的学校高得多。

　　但是理想主义的夏先生终于碰着实际的壁了。他跟他的多年的老朋友校长经先生意见越来越差异，跟他的至亲在学校任主要职务的意见也不投合；他一面在私人关系上还保持着对他们的友谊和亲谊；一面在学校政策上却坚执着他的主张，他的理想，不妥协，不让步。他不用强力，只是不合作；终于他和一些朋友都离开了春晖中学。朋友中匡互生等几位先生便到上海创办立达学园；可是夏先生对办学校从此灰心了。但他对教育事业并不灰心，这是他安身立命之处；于是又和一些朋友创办开明书店，创办

《中学生杂志》，写作他所专长的国文科的指导书籍。《中学生杂志》和他的书的影响，是大家都知道的。他是始终献身于教育，献身于教育的理想的人。

夏先生是以宗教的精神来献身于教育的。他跟李叔同先生是多年好友。他原是学工的，他对于文学和艺术的兴趣，也许多少受了李先生的影响。他跟李先生在杭州省立第一师范学校同事，校长就是经子渊先生。李先生和他都在实践感化教育，的确收了效果；我从受过他们的教的人可以亲切的看出。后来李先生出了家，就是弘一师。夏先生和我说过，那时他也认真的考虑过出家。他虽然到底没有出家，可是受弘一师的感动极大，他简直信仰弘一师。自然他对佛教也有了信仰，但不在仪式上。他是热情的人，他读《爱的教育》，曾经流了好多泪。他翻译这本书，是抱着佛教徒了愿的精神在动笔的，从这件事上可以见出他将教育和宗教打成一片。这也正是他的从事教育事业的态度。他爱朋友，爱青年，他关心他们的一切。在春晖中学时，学生给他一个绰号叫做"批评家"，同事也常和他开玩笑，说他有"支配欲"。其实他只是太关心别人了，忍不住参加一些意见罢了。他的态度永远是亲切的，他的说话也永远是亲切的。

夏先生才真是一位诲人不倦的教育家。

该文回忆了和夏丏尊在白马湖畔度过的难忘时光，刻画了他对于教育事业的热情和宗教徒般的信念，对他的不幸逝世表示怀念。在写作怀念夏丏尊的同一天，朱自清给已经编好的《语文拾零》写作了序言，自此，这本书已经完全编就。7月16日，又作杂论《关于"月夜蝉声"》。这是一篇兼作回答读者提问的散文，当年朱自清写《荷塘月色》时，文中有晚上蝉鸣的描写，此文引起一个叫陈少白的读者的来信，说晚上蝉不鸣。朱自清根据自己的亲身观察和请教相关朋友，告诉读者，晚上的蝉也会鸣叫的。该文最后议论道："我们往往由常有的经验作概括的推论。例如由有些夜晚蝉子不叫，推论到所有的夜晚蝉子不叫。于是相信这种推论便是真理。其实只是成见。这种成见，足以使我们无视新的不同的经验，或加以歪曲的解释。我自己在这儿是个有趣的例子。在《荷塘月色》那回经验里，我并不知道蝉子平常夜晚不叫。后来读了陈先生的信，问了些别人，又读到王安石《葛溪驿》诗的注，便跟随着跳到'蝉子夜晚是不叫的'那概括的结论，而相信那是真理。于是自己的经验，认为记忆错误；专家的记录，认为也许例外。这些足证成见影响之大。那后来的两回经验，若不是我有这切己的问题在心里，也是很容易忽略过去的。新的观察新的经验的获得，如此艰难，无怪乎《葛溪驿》的诗句久无定论了。"

朱自清在成都度过的最后一个暑假里，于 7 月 17 日这天，从报上看到了一个不幸的消息：闻一多遇害。

闻听闻一多遇害

1946 年的暑假和往年格外不同。冥冥之中，身在成都的朱自清格外担心起朋友的安危来，虽然最初的十来天，几乎天天会朋友，赴邀宴，但还是于 7 月 13 日写了篇杂论《动乱时代》。朱自清不无焦虑地说："胜利的欢呼闪电似的过去了，接着是一阵阵闷雷响起。这个变化太快了，幻灭得太快了，一般人失望之余，不由得感到眼前的动乱的局势好像比抗战期中还要动乱些。"

朱自清想到远在昆明的闻一多。近年来，闻一多已经成了名副其实的民主斗士，这让朱自清感佩之余，不免想起昆明的局势，想起李公朴的死，更想起一个学生曾问他，闻先生是否处于危险之中？朱自清知道，危险肯定是存在的。但他不愿意这样想，只好岠顾左右而言他地说，论学问，国内没有人能及得上闻先生。如今又一个多月过去了，他最了解闻一多，他的坦诚、无私，像火一样满腔热情和执着的投入的精神，朱自清都是清楚的。如今，昆明的局势依然极不明朗。

1946 年 7 月 17 日，闻一多在昆明被国民党特务暗杀身亡。朱自清得悉闻一多遇刺的消息后，十分悲痛，立即致信闻一多夫人："今日见报，一多兄竟遭暴徒暗杀，立鹤也受重创！深为悲愤！这种卑鄙凶狠的手段，这世界还成什么世界！……学校方面我已有信去，请厚加抚恤，朋友方面，也总该尽力帮忙，对于您的生活和诸侄的教育费，我们都愿尽力帮忙。一多兄的稿子书籍已经装箱，将来由我负责，设法整理。"朱自清又在当天的日记中写道："一多于十五日下午五时许遇刺，身中七弹。他的三子与他在一起，亦中五弹。一多当即身亡，其子尚未脱离险期。闻此，异常震惊。自李公朴街头被刺后，余即时时为一多的安全担心。但未料到对他下手如此之突然，真是什么世道！"

《梅贻琦日记 1941—1946》里，有多处关于闻一多遇害前后的记录，对于闻一多过激的言论，也颇有微词，但从未阻止。如 1945 年 11 月 5 日晚上，在潘光旦家，与闻一多闻家骝兄弟、曾昭抡、吴晗、傅斯年、杨振声等名士餐叙，大家豪饮九斤多酒，饭后自然继续畅谈，一直到深夜十二时仍意犹未尽，梅贻琦在日记中说："余对政治无深研究，于共产主义亦

闻一多

无大认识，但颇怀疑，对于校局，则以为就追随蔡孑民先生兼容并包之态度，以克学术自由之使命，昔日之所谓新旧，今日之所谓左右，其在学校应均予以自由探讨之机会，情况正同。且昔日北大之所以为北大，而将来清华之不清华，正应于此注意也。"这段话显然是听了闻一多等人的言论后的感慨。1945年12月14日日记云："一多实一理想革命家，其见解、言论可以煽动，未必切实际，难免为阴谋者利用耳。"1946年2月17日，教育部长朱家骅与梅贻琦会谈后，梅贻琦在日记中写道："对于张、闻、潘等之举动谓殊于清华不利，实善意之警告也。"这里的张即张奚若，潘即潘光旦。1946 年 4 月 14 日，北大、清华、南开即将各自复校，昆明联大校友会召开话别会，梅贻琦在日记中说："会中由闻一多开谩骂之端，起而继之者亦即把持该会者，对于学校大肆批评，对于教育横加污辱。"闻一多这次过激演讲，朱自清在第二天，即 15 日，参加西仓坡 5 号清华大学办事处举办的清华大学文科研究所国文部举行的王瑶论文考试时，也知道了，又闻听震怒的梅贻琦准备解聘闻一多，朱自清当即表示反对。1946 年 7 月 16 日下午 5 时多，潘光旦夫人跑来告诉梅贻琦，闻一多被枪杀，其子重伤。梅贻琦听后，虽然异常惊愕，仍当即做出四条指示：一、马上派庶务科主任赵世昌，前往闻家，安抚并照料。二、派联大训导长查良钊，立即前往警务司令部了解情况，并要其注意其他教授的安全。三、当晚以紧急电报告之教育部。四、分别致公函至法院、警务司令部、警察局。一直忙到凌晨一时多。梅贻琦在日记中说："察其当时情形，以多人围击，必欲致之于死，此何等仇恨，何等阴谋，殊使人痛惜而更为来日惧尔。"第二天即和夫人一起赴医院，探望闻一多夫人及其子闻立鹤伤势。下午，他还提议教授们居住一处以便保护。

闻一多的遇害，对朱自清刺激很深，对当局的失望，对朋友的哀悼，都让他彻夜难眠。在致朋友的信中，多次提及。如 7 月 19 日给李健吾的信中说："一多在昆明被暴徒狙击殒命，令人悲愤。有一家报纸说这是恐怖时代的前奏。也许是的罢？"20日，朱自清写下了题为《闻一多先生与中国文学》的文章，文章充分肯定了闻一多在诗歌和研究方面的成果：

大家都知道闻先生是一位诗人。他的《红烛》，尤其他的《死水》，读过的人很多。这些集子的特色之一，是那些爱国诗。在抗战以前也许是唯一的爱国新诗人。这里可以看出他对文学的态度。新文学运动以来，许多作者都认识了文学的政治性和社会性而有所表现，可是闻先生认识得特别亲切，表现得特别强调。他在过去的诗人中最敬爱杜甫，就因为杜诗政治性和社会性最浓厚。后来他更进一步，注意原始人的歌舞：这是集团的艺术，也是与生活打成一片的艺术。他要的是热情，是力量，是火一样的生命。

但是他并不忽略语言的技巧，大家都记得他是提倡诗的新格律的人，也是创造诗的新格律的人。他创造自己的诗的语言，并且创造自己的散文的语言。诗大家都知道，不必细说；散文如《唐诗杂论》，可惜只有五篇，那经济的字句，那完密而短小的篇幅，简直是诗。我听他近来的演说，有两三回也是这么精悍，字字句句好似称量而出，却又那么自然流畅。他因此也特别能够体会古代语言的曲折处。当然，以上这些都得靠学力，但是更得靠才气，也就是想象。单就读古书而论，固然得先通文字声韵之学；可是还不够，要没有活泼的想象力，就只能做出点滴的饾饤的工作，决不能融会贯通的。这里需要细心，更需要大胆。闻先生能够体会到古代语言的表现方式，他的校勘古书，有些地方胆大得吓人，但却是细心吟味所得；平心静气读下去，不由人不信。校书本有死校活校之分；他自然是活校，而因为知识和技术的一般进步，他的成就骎骎乎驾活校的高邮王氏父子而上之。

他研究中国古代，可是他要使局部化了石的古代复活在现代人的心目中。因为这古代与现代究竟属于一个社会，一个国家，而历史是联贯的。我们要客观地认识古代；可是，是"我们"在客观地认识古代，现代的我们要能够在心目中想像古代的生活，要能够在心目中分享古代的生活，才能认识那活的古代，也许才是那真的古代——这也才是客观地认识古代。闻先生研究伏羲的故事或神话，是将这神话跟人们的生活打成一片；神话不是空想，不是娱乐，而是人民的生命欲和生活力的表现。这是死活存亡的消息，是人与自然斗争的纪录，非同小可。他研究《楚辞》的神话，也是一样的态度。他看屈原，也将他放在整个时代整个社会里看。他承认屈原是伟大的天才；但天才是活人，不是偶像，只有这么看，屈原的真面目也许才能再现在我们心中。他研究《周易》里的故事，也是先有一整个社会的影像在心里。研究《诗经》也如此，他看出那些情诗里不少歌咏性生活的句子；他常说笑话，说他研究《诗经》，越来越"形而下"了——其实这正表现着生命的力量。

他是有幽默感的人；他的认识古代，有时也靠着这种幽默感。看《匡斋尺牍》里《狼跋》一篇，便知道他能够体会到别人从不曾体会到的古人的幽默感。而所谓"匡斋"本于匡衡说诗解人颐那句话，正是幽默的意思。他的《死水》里《闻一多先生的书桌》，也是一首难得的幽默的诗。他有着强大的生命力，常跟我们说要活到八十岁，现在还不满四十八岁，竟惨死在那卑鄙恶毒的枪下！有个学生曾瞻仰他的遗体，见他"遍身血迹，双手抱头，全身痉挛"。唉！他是不甘心的，我们也是不甘心的！

朱自清对闻一多的概括是准确的，哀悼更是情真意切，更认为闻一多的死是中国文学方面的重大损失：

闻先生的专门研究是《周易》、《诗经》、《庄子》、楚辞、唐诗，许多人都知道。他的研究工作至少有了二十年，发表的文字虽然不算太多，但积存的稿子却很多。这些并非零散的稿子，大都是成篇的，而且他亲手抄写得很工整。

只是他总觉得还不够完密，要再加些工夫才愿意编篇成书。这可见他对于学术忠实而谨慎的态度。

　　他最初在唐诗上多用力量。那时已见出他是个考据家，并已见出他的考据的本领。他注重诗人的年代和诗的年代。关于唐诗的许多错误的解释与错误的批评，都由于错误的年代。他曾将唐代一部分诗人生卒年代可考者制成一幅图表，谁看了都会一目了然。他是学过图案画的，这帮助他在考据上发现了一种新技术；这技术是值得发展的。但如一般所知，他又是个诗人，并且是个在领导地位的新诗人，他亲自经过创作的甘苦，所以更能欣赏诗人与诗。他的《唐诗杂论》虽然只有五篇，但都是精彩逼人之作。这些不但将欣赏和考据融化得恰到好处，并且创造了一种诗样精粹的风格，读起来句句耐人寻味。

　　后来他在《诗经》、楚辞上多用力量。我们知道要了解古代文学，必须从语言下手，就是从文字声韵下手。但必须能够活用文字声韵的种种条例，才能有所创获。闻先生最佩服王念孙父子，常将《读书杂志》、《经义述闻》当作消闲的书读着。他在古书通读上有许多惊人而确切的发明。对于甲骨文和金文，也往往有独到之见。他研究《诗经》，注重那时代的风俗和信仰等等；这几年更利用弗洛伊德以及人类学的理论得到一些深入的解释。他对《楚辞》的兴趣似乎更大，而尤集中于其中的神话。他的研究神话，实在给我们学术界开辟了一条新的大路。关于伏羲的故事，他曾将许多神话综合起来，头头是道，创见最多，关系极大。曾听他谈过大概，可惜写出来的还只是一小部分。他研究《周易》，是爱其中的片段的故事，注重的是社会生活经济生活的表现。近三四年他又专力研究《庄子》，探求原始道教的面目，并发见庄子一派政治上不合作的态度。以上种种都跟传统的研究不同：眼光扩大了，深入了，技术也更进步了，更周密了。所以贡献特别多，特别大。近年他又注意整个的中国文学史，打算根据经济史观去研究一番，可惜还没有动手就殉了道。

这真是我们一个不容易补偿的损失啊！

1946 年 7 月 21 日，朱自清在成都出席了西南联大校友会召开的闻一多追悼会，并做《闻一多先生与中国文学》的演讲。接下来，朱自清又几次出席有关悼念闻一多的活动。每次都是悲伤又悲愤，闻一多敲着桌子，背诵田间的《多一些》的情景，仿若眼前。闻一多埋头读书写作，用心用力篆章刻印，慷慨激昂的反独裁、争自由、促民主的演讲，都给朱自清留下深刻且难忘的记忆。这些记忆，终于激发了朱自清的诗情。朱自清好久没有新诗写作了，却在 1946 年 8 月 16 日写下了《挽一多先生》，诗人呐喊道："你是一团火，照见了魔鬼；烧毁了自己！遗烬里爆出个新中国！"但是，成都在悼念闻一多的活动中，也引起了反动派的震怒，18日，朱自清冒着生命危险，再次参加了在蓉光大戏院举行的成都各界人士悼念李公朴、闻一多追悼大会。事前已有传闻，说那天可能要出乱子。但朱自清依然前往，并做了闻一多生前事迹的报告，不但博得了阵阵掌声，还使听众纷纷掉泪。但是，由于朱自清一家已经临到去北京的时间，追悼会没结束就回家收拾行李。而那天晚上果然出事，民盟中央主席张澜在会场门口遭到袭击，被打中头部，血流如注。

朱自清于8月19日离开成都，取道重庆。在重庆小住一段时间后，于10月7日飞抵北平。朱自清在《回来杂记》中深情地说："飞机过北平城上时，那棋盘似的房屋，那点缀着的绿树，那紫禁城，那一片黄琉璃瓦，在晚秋的夕阳里，真美。在飞机上看北平市，我还是第一次。这一看使我连带地想起北平的多少老好处，我忘怀一切，重新爱起北平来了。"

（本书中，关于朱自清旧体诗述评部分所引用的旧籍，一部分根据常丽洁同志所校注的《朱自清旧体诗词校注》一书。特此说明。）

附 录

朱之彦笔下的朱自清

朱之彦是陈竹隐姐姐家的孩子。从朱之彦在 1981 年退休的时间节点来推断，他应该出生于 1921 年左右，一直在成都粮食系统工作。退休以后，他曾写过一篇怀念朱自清的文章，名为《文学家朱自清》，发表于《成都文史资料》第 19 辑（1988 年 6 月出版）上，后经过修改，改题为《回忆朱自清先生》，发表于 1988 年第 5 期的《龙门阵》上。这篇文章，又被徐强编入《长向文坛瞻背影——朱自清忆念七十年》一书中，于 2018 年 10 月由广陵书社出版。

由于《回忆朱自清先生》一文所述人事，都是朱之彦凭记忆书写，有些不是他亲身经历的事和事实有出入，如"朱自清的尊翁在清季曾任知县"，还有"先生早年在绍兴原籍娶夫人武氏，生一子一女，子居长，名迈先，女名采芷"，"武氏夫人逝世数年后，先生执教于北京清华大学"，"当时联大教授是每四年休假一年"等，甚至连朱自清逝世的日期都写错了。但是当年朱自清在昆明西南联大教书、把家安在成都、暑假回去成都度假时，朱之彦常来朱自清家走动，所亲身经历的事，应该基本准确，所以，根据他这篇文章，对照朱自清的日记和书信，概述如下。

朱自清在成都的家，朱之彦在文中说："因我的外家故居在成都外东南河口，家母和姨母都生于斯，长于斯。姨母思家多年，其次子取名思俞，即以外祖母俞姓故。1940年暑期，先生遂率家来成都，寓居外东宋公桥之报恩寺。隔墙与实业家金襄七先生为邻。房共三间一厨，右卧室，中饭厅，其左即先生的书房。全系泥壁草顶，家俱大都向亲友借用。室内无摆设装饰，只卧室内悬挂一小条幅，系先生游衡岳寄姨母的诗。诗句是：'勒住群山一迳分，乍行幽谷忽干云。刚肠也学青峰样，百折千回只忆君。'此房亦由金氏代租。两家通好，因就墙辟门，以便往来。"

朱自清一家刚搬到成都的时候，在四川大足县（现重庆大足区）工作的朱之彦接到家信，便请假回来看望姨父姨母一家。朱自清也是初次和朱之彦见面，送了他一本《背影》，并在扉页上题满了字，大意是：朱之彦这次远道回来看望朱自清一家，让他们很感动，以此书作为纪念云云。还钤朱印一方，曰

"朱自清字佩弦又字佩纮之印"。1941年秋，朱自清还在成都休假期间，朱之彦的祖父、父亲相继病逝，朱之彦此前已经辞去大足县的工作，料理丧事时朱自清也前往吊唁。然后，朱自清于1941年10月8日才赶回昆明。1943年，朱之彦在其母亲和姨母陈竹隐的要求下，辞去理县的教职，回到成都，在成都市土地管理处工作。朱之彦写到这里时，再次出现一次误记，他说："1945年暑期先生当假，再次来到成都。"其实1945年暑期朱自清来成都度夏，已经是第三次了，1944年朱自清也曾回来过暑假。在朱自清回成都这段时间里，朱之彦说他工作暇时较多，"每天下班，都必去报恩寺和先生闲谈"。朱自清给朱之彦的印象是什么样子呢？文中说："先生为人沉默寡言，但又谦恭热情，平易近人。无论他的朋友乃至我这晚辈至，他都立即放下书或笔，以礼接待，专心倾听别人的讲话。他不常发表意见，但他的态度却又是十分鲜明的。他总是尽量让别人谈，别人谈完了，他认为对的，则加以赞许或鼓励；认为不当，则简要地予以指点或启示。一天下午，我去姨家，过窗下，即闻有客高声谈论。入室，先生为我介绍郑沙梅先生。郑先生瘦黑稍矮，声音洪亮。这时他正在评论京、川剧之优劣，他说川剧的场面是立体的，京剧的场面是平面的。我想：这可能是他从艺术理论角度去评论的。谈戏剧，我是门外汉，至今未敢可否。他又模拟京川剧小生坐的姿势，并说川剧的小生坐式比京剧的大方优美。我觉得似乎有些对。先生未表态，但我从他诚挚的笑貌上，看出他是同意郑先生的见解的。最后，郑先生说他得到了《红梅阁》原本，正在整理，已快告成，不久将在悦来（今锦江剧场）试演，届时请朱先生前去观赏。说了即率直地伸手握别。果然约一个多月后，我见到请柬，也略闻演出概况。"

朱之彦的文中还讲到朱自清的朋友邓锡侯，说邓将军定期于每个星期日，邀请在蓉土著和客寓的文士于其百花潭别墅（百花潭公园）饮酒赋诗，可谓宾主尽西南之美了。朱自清也常被邀请，和文人们多有唱和，并且和萧公权唱和最多。关于旧诗的写作，朱之彦还讲了他祖父也工旧诗，"尤长七律。惟不收拾，随写随弃"，他便从残书中收集数纸，抄了四十首给朱自清欣赏。朱自清看后，在抄件上题跋曰："挽澜公诗意清新，亦不乏刻画句，联语尤工。"朱之彦为了证明朱自清评语的精确，还专门抄有一首其先祖遗作《贺新婚》，诗曰："洞房深处下罗帏，日影横窗尚掩扉。绣枕锦衾三面叠，桃花燕子一齐飞。庭前灯尽残红豆，檐下春寒唱《绿衣》。淡扫娥眉轻弄粉，分明不是女儿时。"

受先祖的影响，加之身边有朱自清这样的旧诗高手，又是长辈，朱之彦也学作起旧诗来，"偶尔也写点四言八句"，但也不敢拿给朱自清看。朱自清知道后，便对他说："读写旧诗，都应从古风学起，不受格律拘束，易于阐述思想。"然后，还要求朱之彦把旧诗抄给他看，朱之彦就把过去所写的少许诗词抄缮好，试学写了一篇以"学诗"为题材的七古，题为《呈佩弦姨父》。朱自清阅后，给他做了些删改和指点，使他得到了鼓励。而朱自清呢，为了鼓励朱之彦，还把他和别人的唱和诗拿给朱之彦看，使他从中受益。

大约是朱之彦的工作比较轻闲吧，他还几乎每天晚上都去成都椒子街"颐园"茶馆参加猜谜活动，还饶有趣味地写道：猜谜时，"平均每晚能中七八张。中者，出谜人即以笔墨便笺等奖品连同谜面见赠。这些奖品，除自用外，供给当时读书的弟妹和乔俞两表弟还有余。暑假先生来蓉，得知此事，常问：'昨晚猜中些什么？'对我曾猜中的——谜面如'陈相之母'，谜底为《聊目》之《庚娘》（据《孟子·有为神农之言章》'陈良之徒陈相与其弟辛，负耒耜而自宋之滕'句，相弟既为'辛'，'相'则应为'庚'，相之母故应猜作'庚娘'），和老友黄君所中的——谜面为'蒐、狝'，谜底为《孟子》二句的'春秋，天子之事也'。（《左传·隐公五年》）'春蒐，夏苗，秋狝，冬狩，皆为农隙以讲事也'。（古代最高统治者出猎，春天叫作'蒐'，秋天叫作'狝'，所以'蒐狝'二字，可猜以春秋，天子之事也。）"。关于这两条谜，朱自清最为赞赏。朱之彦见朱自清有兴于此，便将所积谜面，添上谜底，一并送呈。后来，朱自清还告诉朱之彦，他将这些谜付与当时常来闲聊或做客的殷孟伦、程千帆两先生共同欣赏、把玩，使他们十分开心。在说过朱自清对猜谜有兴趣之后，朱之彦还透露朱自清对艺术的广泛兴趣："对成都贾树三的竹琴，李德才的扬琴，曾炳昆的口技，曹宝义和戴质斋的相声，轮番前往聆听，有时叫我陪他同去。"

朱之彦还透露一个朱自清不为人知的小癖好，即自己的文稿，在未发表之前，轻易不示外人，他写道："虽休假，他仍常写文章，多数是为他在联大主编的《国文月刊》撰稿；有的是应其他报纸刊物的嘱约写的。可能也编写书，如他和叶圣陶先生合编的《精（粗）读指导举隅》，就是1940年休假时写的。可是先生的文稿，我却从未见过，曾听姨母讲，先生属文，多在深夜和上午，下午则接待来访和休息……看来先生也不愿意以'非成品'示人的。"

朱之彦通过和朱自清相处一段时间之后，对朱自清的了解也日益增多，对于朱自清严谨的作风、宽以待人的热心肠和无私精神也有所记述，在《回忆朱自清先生》一文中说："先生生活严谨，重礼貌，待人诚挚。盛夏在家，亦必衬衣领带着长裤，外出则必穿着上装。每天必修面，除热天中午休息一会外，平时大都端坐工作或接待来访。1940年我第一次去姨家，先生让我坐下后，上下打量我一下，见我有一纽扣未扣上，便给我指了一下。此后我每在去的路上，必先检查自己的服装。"朱自清看朱之彦经常不修面，知道他生活困难，去不起理发店，便于 1945 年暑期期间，给他买了一副修面用具和 12 张刀片。

朱自清是在 1946 年 8 月 19 日，参加完成都的追悼闻一多的大会后，于第二天率全家乘车去重庆，准备由重庆乘飞机去北京。临行前，朱自清把一些有纪念意义的书籍赠送给朱之彦，其中有《十三经注疏》《昭明文选》等几部子书，"还有章士钊的《游沪草》、冯友兰的《新理学》、易君左的《中兴集》和俞平伯所赠其祖俞陛云作的《蜀辀诗记》、沈尹默赠的《季刚先生所为词》、余中英赠的《缫经巢诗钞》等及先生与友人唱和手稿《锦城鸿爪》三册，共十余本。这些书皆有作者或赠者亲笔题字，其中平伯先生在《蜀辀诗记》上所题尤多"。这又有一个错误，即俞陛云不是其祖，而是其父。不过这些书，包括那三册珍贵的《锦城鸿爪》，"文革"时都上交了，"至今先生遗物，在我家已不可复见。俗话说：'睹物思人'，那么不睹也就可以不思；至于'爱人及物'，那就此恨绵绵难尽了！"

但是，朱之彦所说物品中的《锦城鸿爪》，几十年后，在重庆重见天日了——2021 年 7 月初，成都某高校退休老师刘欣先生突然打我电话，说他无意中得到了三卷本的《锦城鸿爪》，除有一本题签丢损外，内容都很完好，特别珍贵，是研究朱自清的重要资料。我们加了微信后，他还拍照片给我看。这是当年朱自清在成都休假时，和当地文人旧诗唱和的剪贴簿，都是手写原稿，除朱自清旧诗手稿外，还有余中英、萧公权、浦薛凤、叶圣陶、俞平伯、潘伯鹰等人的旧诗手稿，确实是无价之宝。现在，刘欣先生已经根据朱自清亲手装订的三本《锦城鸿爪》，写了好几篇文章了。

对于一直折磨朱自清的胃病，朱之彦在文中也给出了自己的见解，朱之彦说："先生工作量大，素有肠疾，虽也注意养身，惜乎不得其方。那时我们对这方面的常识很茫然。姨母则只注意多吃富营养易消化的食物。吃富营养易消化的食物是对的，但问题可能就出在'多'字上。每见先生三餐，总是大口咀嚼，似乎纯全是为了'补充能源'而进食，于是饮食也具有工作的性质了。殊不知'多吃'之于先生的肠疾，恰恰是不对症的，结果是无益有损。"

朱之彦的这篇文章，对我们了解朱自清、研究朱自清，特别是朱自清在成都的生活和工作经历，有更为切实的帮助。

关于《语文零拾》

　　《语文零拾》是朱自清多年来创作的书评、书话、读书笔记、译文等文章的汇编，写作时间的跨度约有十年之久，于1946年暑假期间汇编成书。编好后，交给了钱实甫先生代交给名山书局，并由该局出版发行。

　　自从移家成都，朱自清每年的暑假都到天府名城度假，结识了成都的一批文人学者，除了老友如叶圣陶等外，还有就是钱实甫。钱实甫毕业于北平大学法学院，当时在国立四川大学任教，他和名山书局有交往。名山书局出了不少书，其中就有民国美女作家赵清阁的《流水飞花》《诗槐冷月》等书，当然也有钱实甫和缪振鹏合著的《美苏战争的推测》。名山书局可能是一家小书局，不少书都是委托了"大东书局总发售"的，不过朱自清的《语文零拾》，却是自己家总发行，可见书局对这本书的重视。

但是，这本书在出版以后，却引起朱自清有点不愉快。起因是这样的，原来收入书中的，有一篇重要文章《新的语言》，这篇文章发表时，还一度引起讨论，语言学家吕叔湘专门写了长篇文章，对朱自清文中的观点进行了指正。朱自清在把《新的语言》收入该书时，还根据吕叔湘的意见，进行了仔细的修订和补充。但是该书出版后，朱自清发现独独缺少了这篇文章，也不知何故被出版社抽出去了。对于"小书店"如此的不负责任，朱自清很失望，觉得"很可恨"。但是，这本书依然得到了徐中玉很高的评价，他说："朱先生不仅是一个成功的散文家，他更是一位渊博的学者，单从这本小书，我们就会惊异他所涉猎的范围竟如此的广大；又不仅涉猎广大，而且朱先生都有他新锐妥帖的见解。从文字到语言，从古代到今天——甚至明天，从书本到生活，从思想到战斗，朱先生的'慧眼'光芒四射，应该照到的地方他都没有遗漏，有些地方他所以没有充分发挥，那是由于机会不合适。……朱先生的对于现实的非常，也可以说是越来越坚定的态度，那表情的姿势也不是公式化的，切实而不宽泛，不是感情用事的狂呼疾走，而是慎思明辨、理性思量的自然必然的结果。"（《评朱自清著〈语文零拾〉》）

《语文零拾》共收《陶诗的深度——评古直〈陶靖节诗笺

定本〉》等文章 14 篇，如果算上被遗漏的《新的语言》，应该是 15 篇。《中国文学与用语》翻译于 1936 年 1 月 2 日，最初发表于这年的 1 月 12 日《大公报·文艺》上。该文原作者为长濑诚，朱自清有一后"跋语"，云："日本竹内氏等办中国文学研究会，出版《中国文学月报》，以介绍批评新文学为主。现已出到第 9 号。本篇见第 8 号中，虽简略不备，但所提出的问题是很有趣很重要的。著者非会员，原在外交部，现在东亚学校服务，有《中国支那学研究的现状与动向》一书。未见。"《陶诗的深度——评古直〈陶靖节诗笺定本〉》写于 1936 年 2 月 22 日，发表于这年 4 月出版的《清华学报》第 11 卷第 2 期，标题叫《陶靖节诗笺定本》。《修辞学的比兴观——评黎锦熙的〈修辞学比兴篇〉》写于 1937 年 6 月 24 日，发表于这年 7 月出版的《清华学报》第 12 卷第 3 期，标题叫《修辞学比兴篇》。《日本语的欧化——谷崎润一郎〈文章读本〉提要》写于 1938 年 1 月 16 日。《日本语的面目》写于 1938 年 2 月 14 日。《什么是宋诗的精华——评石遗老人（陈衍）评点〈宋诗精华录〉》写于 1938 年 4 月 30 日，发表于在昆明出版的《益世报·读书副刊》上。《宋诗精华》和《宋诗选》，是朱自清在 1938 年 4 月常读的书。《短长书》发表于 1944 年 8 月 8 日在重庆出版的《中央日报》上，该文认为，长篇小说受欢迎，源于读者的消遣娱乐心理，但这不是忧。真正忧的是缺少书评家和批评家完美公正的批评。《灵魂工程师》翻译于 1944 年 11 月 18 日，发表于第二天在昆明出版的《中央日报》副刊《星期增刊》第 42 期上，到第 43 期续完。《诗文评的发展——评罗根泽〈中国文学批评史〉第一、二、三分册：〈周秦两汉文学批评史〉〈魏晋六朝文学批评史〉〈隋唐文学批评史〉与朱东润〈中国文学批评史大纲〉》写于 1945 年 3 月 25 日，发表在 1946 年 7 月 1 日《文艺复兴》第 1 卷第 6 期上，又发表于 1946 年 7 月 25 日《读书通讯》第 1 期上。1946 年 7 月 19 日，朱自清给《文艺复兴》编者李健吾去信，对李健吾在《文艺复兴》"编后"中，"给我声明关于拙稿的经过"，表示感谢。查该期杂志，所谓"声明"是："朱自清的书评曾交《读书通讯》发表，久久不见印出，故此转到本刊。"可能是《读书通讯》的编者读到了这一期的《文艺复兴》，才又在匆忙中赶快发了出来。《历史在战斗中——评冯雪峰〈乡风与市风〉》写于 1945 年 6 月 19 日，此篇文章，断断续续写了一月有余。查朱自清日记，读《乡风与市风》是在 1945 年 5 月 5 日，6 日读完。1945 年 5 月 12 日记有"开始写评雪峰之《乡风与市风》提纲""读雪峰之另外一些文章"之句。13 日又云："准备对雪峰著作之评论文章，进展颇迟缓。"26 日亦记有"写评《乡风与市风》文章数行"。6 月 10 日又记"写关于《乡风与市风》的文章，然不多"。18 日"继续写书评"。到 19 日"上午完成书评"。一篇不到 5000 字的书评，写一月有余，一来是朱自清对此篇文章非常重视，另一个原因也是他胃病越发地严重了。在这一个多月里，多次有"甚疲惫""头晕""呕吐""犯胃病"等记录，如1945年5月25日云："近来因犯胃病，常易发怒，往往对与他人之接触感到不快。"也是在1945年的6月里，译文《回到大的气派——英雄的时代要求英雄的表现》发表在《抗战文艺》第10卷第2、3期合刊上，又发表于1946年6月25日出版的《人民文艺》第1期上，该文原作者为美国人多罗色·汤姆生女士。

以上是部分作品的写作和首发的时间及其刊物。

朱自清类似的文章其实还有一些，比如《读书笔记》(《〈元曲三百首〉与〈荡气回肠〉》《杨荷集》)、《读〈文艺心理学〉》、《歌谣与诗》、《水上》、《文学的美——读Puffer的〈美之心理学〉》、《文学的一个界说》、《吴稚晖先生文存》、《熬波图》、《近来的几篇小说》等，这些关于读书的文章发表后，都没有编入他的自编文集中。其实，作为书评，或带有学术研究的读书随笔，这些文章都很有特色，如关于沙刹所著的《水上》一篇，朱自清在文中做了尖锐且建设性的批评，认为新诗"最容易犯的一个毛病就是'浅薄'。印在纸上，好像没有神气，念在嘴边，也像没有斤两；这就是没味。……味是什么？粗一点说，便是真的生活，纯化的生活！便是个性，便是自我！"再比如《文学的一个界说》，发表于1925年6月出版的《立达季刊》第 1 卷第 1 期上，朱自清在这篇学术随笔中，对胡适的 "达意达得好、表情表得好，便是文学" 的论述表示了不同的意见，认为定义太粗疏，并根据自己对文学的理解，给 "文学" 的概念作了六个方面的界定：一是文学是用真实和美妙的话表现人生的；二是文学是记载人们的精神、思想、情绪、热望，是历史，是人的灵魂之唯一的历史；三是文学的特色在于它的 "艺术的""暗示的""永久的" 等性质；四是文学的要素有二，即普通的兴味与个人的风格；五是文学的目的，除了给我们喜悦而外，更使我们知道人的灵魂；六是在文学里，保存着种族的理想，便是为我们文明基础的种种理想；所以，文学是人们心中最重要最有趣的题目之一。而元代人陈椿所著的《熬波图》堪称一部奇书、冷书，记述的是松江一带盐民煮海熬盐的生活故事，朱自清在这篇书评中，从政治、学术、艺术三方面进行了阐述和评价，颇值得玩味。评论《近来的几篇小说》连载于 1928 年出版的《清华周刊》第 29 卷第 2 号、第 5 号、第 8 号上，评论了《小说月报》第 18 卷第 10 号（1927 年 10 月 10 日）的几篇小说，计有茅盾的《幻灭》、桂山（叶圣陶）的《夜》和鲁彦的《一个危险的人物》。作者对这三篇小说做了恰当的评论和分析。如果《语文零拾》里收入译文，朱自清在 1927 年 5 月 3 日翻译的《为诗而诗》（英国 A.C.Bradley 著，发表在这年 11 月 5 日《一般》第 3 卷第 3 期）和 1927 年 10 月

24 日翻译的《纯粹的诗》(R.D.Jameson 著，发表在这年 12 月 10 日出版的《小说月报》第 18 卷第 12 期上)，是完全够格收入其中的。这些文章和译文发表后都没有收入《语文零拾》，对于当时的读者来说，不能不说是遗珠之憾。

1946 年 7 月朱自清在成都过暑假期间，把以往写作的书评加以搜集整理，编成《语文零拾》一书，并于 1946 年 7 月 15 日写了序言。该序发表于这年 10 月 20 日出版的创刊号《读书月刊》上，又发表于同年 11 月 20 日出版的《国文月刊》上。

关于《标准与尺度》

——《标准与尺度》新版编后记

朱自清是 1946 年 6 月 14 日启程回成都家中过暑假的。他先是乘飞机于当天到达重庆，第二天在重庆访问了老朋友章锡珊和丰子恺后，16 日乘上通往成都的汽车，并于 17 日晚抵达家中。在处理完家中杂务后，和以往的暑假一样，访问和接待了在成都的老朋友，如叶石荪、吴宓、赵守愚、程千帆、彭雪生、罗念生、何其芳等，与此同时，开始写作。他先是花几天时间整理他历年所作的旧体诗，编集为《犹贤博弈斋诗钞》，于 7 月 7 日写了自序。接着陆续写作了《〈语文零拾〉序》、散文《教育家的夏丏尊先生》、杂论《关于"月夜蝉声"》、散文《我是扬州人》等文章。而从 1946 年 7 月 13 日费时两天写作的杂论《动乱时代》开始的几篇文章，以及后来写作的《闻一多

先生与中国文学》、《中国学术界的大损失——悼闻一多先生》
（这两篇文章在收入《标准与尺度》时合二为一）、《日常生活的
诗——萧望卿〈陶渊明批评〉序》等几篇，都收在了《标准与
尺度》里。

1946 年 10 月 7 日，朱自清携家眷飞抵了北京。一回清华，
朱自清有太多的事要做，有太多的书要编，有自己一大堆的计
划要施行——多年的动荡、漂泊，损耗了他太多的精力和时
间，也损耗了他的身体。但从他复员后两年中所做的工作看，
他是要把损失的时光捞回来。

是的，朱自清比任何时候都要勤奋。他一边著书、写文，
一边把自己过去零星的散篇编辑成书，陆续交出版社排版付
印。季镇淮在回忆中如是说："复员以来，朱先生工作更多更
勤了，身体更消瘦了，专题讲演会、时事座谈会、学术讨论会
之外，几乎每日都伏案写作。"（《回忆朱佩弦自清先生》）每
日伏案工作，成为朱自清最后两年的日常的状态。为了勉励自
己，他还在自己书桌的玻璃板下边，压着两句诗："但得夕阳无
限好，何须惆怅近黄昏。"这是他亲自书写的近人的诗句。朱自
清还不到 50 岁，写此句，可见他的心思和心境。一方面，觉得
身体不行，虽然未进入老境，但心里还是隐约地担心；另一方
面，也是主要方面，还是不能再消停了，惆怅是没有用处的，
得抓紧工作了。

朱自清拟订的写作计划也很清楚，除偶尔写一两篇散文外（如《回来杂记》），主要是语言文字方面的杂论及其他研究文章，这可能与他担任《新生报》的副刊《语言与文学》的主编有关。1946 年 10 月 16 日晚上，朱自清应《新生报》社长李诚毅的邀请，讨论了在该报开设副刊的事。朱自清对这个副刊兴趣很高，商定了栏目后，第二天，朱自清就写了发刊词《周话》，该文叙述了《语言与文学》副刊的发刊缘起和宗旨，指出"语言与文学"之间的关系，并说："不以古代为限，而要延展到现代。讨论到古代的时候，也打算着重语言和文学在整个文化里的作用，在时代生活里的作用，而使古代跟现代活泼的连续起来，不那么远迢迢的，冷冰冰的。"朱自清在《回来杂记》中也说道："研究学术本来要悠闲，这古城里向来看重的读书人正是那悠闲的读书人。我也爱北平的学术空气。自己也只是一个悠闲的读书人，并且最近也主编了一个带学术性的副刊，不过还是觉得这么多的这么学术的副刊确是北平特有的闲味儿。"这里的闲，不是闲人的无所事事的闲，是要有时间的闲，静下来做研究的闲暇时间，如果天天奔忙于生活，天天为琐事操心，哪有时间躲进书斋写作呢？

　　所以，从 1946 年 10 月 22 日开始，朱自清在《新生报·语言与文学》上开始了专栏式的写作《周话》——"一周一话"之意（这些周话在收入杂文集《标准与尺度》时，都重加了标题），在不长的时间内，朱自清就写作了十多篇，其中有《语文学常谈》《什么是文学?》《鲁迅先生的中国语文观》《低级趣味》《诵读教学》《什么是文学的"生路"?》等，这些文章，成为他杂文集《标准与尺度》里的主要篇目，也是他这一段时间最切实的工作实绩。可以说，《标准与尺度》是朱自清复员后的最新创作集。该书还收入他其他一些书评和杂论，如《论标语口号》《论通俗化》《论严肃》《论吃饭》等。徐中玉在《评朱自清著〈标准与尺度〉》里衷恳地说："本书文章很杂，但统贯全书的一致的观点却仍分明可见。这一致的观点就是'民主'二字。但这并非一个口号，或一个号召，他讨论问题，往往从历史上说起，原原本本，使人没法栽诬说这是平地起哄；又从当前的社会环境说其所以如此，或不得不如此的理由，更使人没法否认这实在是一条自然的——无可避免的出路，即民主的尺度仍是自然必然的尺度，能够如此说法便决非捕风捉影之谈。"这也是朱自清行文的风范，上至古代，下至当下，相互映照，把"理"说得很透彻，如书中的《论气节》一文，在分析批判了传统读书人的立身处世之道"气节"中，指出了有所不为的"节"，实际上是一种消极的人生观，"忠节"至多造就一些失败的英雄，"高节更只能造就一些明哲保身的自了汉，甚至于一些虚无主义者"。朱自清又进一步分析了现代知识分子的"气节"状况："知识阶级开头凭着集团的力量勇猛直前，打倒种种传统，那时候是敢作敢为一股气。可是这个集团并不大，在中国尤其如此，力量到底有限，而与民从打成一片又不容易，于是碰到集中的武力，甚至加上外来的压力，就抵挡不住。而一方面广大的民众抬头要饭吃，他们也没法满足这些饥饿的民众。他们于是失去了领导的地位，逗留在这夹缝中间，渐渐感觉着不自由，闹了个'四大金刚悬空八只脚'。他们于是只能保守着自己，这也算是节罢；也想缓缓地落下地去，可是气不足，得等着瞧。可是这里的是偏于中年一代。青年代的知识分子却不如此，他们无视传统的'气节'，特别是那种消极的'节'，替代的是'正义感'，接着'正义感'的是'行动'，其实'正义感'是合并了'气'和'节'，'行动'还是'气'。这是他们的新的做人的尺度。等到这个尺度成为标准，知识阶级大概是还要变质的罢？"可以看出朱自清这篇文章写的是多么的用心，其观点的拿捏又是多么的恰如其分。有意思的是，到了1947年4月11日，朱自清还赴清华文法讲讨室为通识学社社员做"论气节"的演讲。据季镇淮在《回忆朱佩弦自清先生》一文中说：这次演讲，"也是党领导下的团结争取知识分子的活动，……听讲都有十几人。这是有秘密性质的小型讲演会"。也是在这次演讲后，朱自清于4月14日费时两日，根据演讲的内容写成了文章《论气节》，并发表于本年5月1日出版的《知识与生活》第2期上。

虽然抓紧时间写作，但朱自清对待作品依然一丝不苟。《标准与尺度》里有一篇《论诵读》，写于 1946 年 12 月 22 日，费时四天才写成。该文论述了诵读对于培养学生的理解和写作能力的意义及作用，是一篇通俗易懂的文章。当时沈从文担任《大公报》副刊《星期文艺》的编辑。朱自清把稿子写好后，寄给了沈从文。没想到沈从文回信说，稿子好像没写完，让朱自清去看看。1947 年 1 月 4 日朱自清到了沈从文的家里，拿到稿子一看，发现是缺了半页。沈从文当天就要发稿，"让我在他书房里补写那半页。说写完了就在他家吃午饭。这更是逼着赶了。等我写完，却在沈先生的窗台上发现那缺了的末半页！沈先生笑着抱歉说：'真折磨了你！'但是补稿居然比原来详明些，我就用了补稿"（《标准与尺度·自序》）。这也算是小插曲吧。《标准与尺度》一书中，许多稿子都是经沈从文之手首发在《大公报》的《星期文艺》上的。其中 1947 年 2 月 21 日写作的《文学的标准与尺度》(发表在本年 3 月 12 日《大公报·星期文艺》上)，还取其中的"标准与尺度"做了书名。

1947 年 12 月 7 日，朱自清写作了《标准与尺度》的序言，发表在 12 月 23 日《新生报》副刊《语言与文学》上。1948 年 4 月，该书由文光书店出版。

2018 年 3 月 26 日于燕郊

主要参考书目

朱乔森编：《朱自清全集》，江苏教育出版社 1988 年陆续出版。

姜建、吴为公著：《朱自清年谱》，光明日报出版社 2011 年 11 月第一版。

关坤英著：《朱自清评传》，北京燕山出版社 1995 年 10 月第一版。

朱自清、俞平伯、叶圣陶等著：《我们的七月》，亚东图书馆 1924 年 7 月版。

曹聚仁著：《听涛室人物谭》，生活·读书·新知三联书店 2007 年 8 月第一版。

曹聚仁著：《天一阁人物谭》，生活·读书·新知三联书店 2007 年 8 月第一版。

季羡林著：《清华园日记》，外语教学与研究出版社 2009 年 12 月第一版。

柳无忌著：《柳无忌散文选——古稀话旧》，中国友谊出版公司 1984 年 9 月第一版。

俞平伯、吴晗等著，张守常编：《最完整的人格——朱自清先生哀念集》，北京出版社 1988 年 8 月第一版。

浦江清著：《清华园日记　西行日记》，生活·读书·新知三联书店 1987 年 6 月第一版。

王保生著：《沈从文评传》，重庆出版社 1995 年 11 月第一版。

吴世勇编：《沈从文年谱》，天津人民出版社 2006 年 2 月第一版。

张菊香主编：《周作人年谱》，南开大学出版社 1985 年 9 月第一版。

朱自清著：《朱自清精品选》，中国书籍出版社 2014 年 6 月第一版。

林呐、徐柏容、郑法清主编：《朱自清散文选集》，百花文艺出版社 1986 年 8 月第一版。

朱金顺编：《朱自清研究资料》，北京师范大学出版社 1981 年 8 月第一版。

商金林编：《叶圣陶年谱》，江苏教育出版社 1986 年 12 月第一版。

　　陈武著：《俞平伯的诗书人生》，中国书籍出版社 2015 年 1 月第一版。

　　常丽洁校注：《朱自清旧体诗词校注》，人民出版社 2014 年 6 月第一版。

　　汪曾祺著：《汪曾祺文集》，广西人民出版社 2006 年 11 月第一版。

　　徐强著：《汪曾祺年谱长编》，稿本。

　　陈福康著：《郑振铎年谱》，三晋出版社 2008 年 10 月第一版。

　　黄裳著：《珠还记幸》，生活·读书·新知三联书店 2006 年 4 月第一版。

　　梅贻琦著：《梅贻琦日记 1941—1946》，清华大学出版社 2001 年第一版。

　　杨天石主编：《钱玄同日记》，北京大学出版社 2014 年 8 月第一版。

　　林徽因著：《林徽因的信》，群言出版社 2016 年 5 月第一版。

　　郁达夫著：《郁达夫日记》，广陵书社 2021 年 3 月第一版。

　　叶圣陶著：《叶圣陶集》，江苏教育出版社 1994 年 6 月第一版。

萧公权著：《萧公权文集》，中国人民大学出版社 2014 年 6 月第一版。

曹聚仁著：《我与我的世界》，人民文学出版社 1983 年 3 月第一版。

赵家璧著：《编辑生涯忆鲁迅》，人民文学出版社 1981 年 9 月第一版。

赵家璧著：《编辑忆旧》，生活·读书·新知三联书店 1984 年 8 月第一版。

赵家璧著：《回顾与展望》，山西人民出版社 1986 年 7 月第一版。

赵家璧著：《文坛故旧录——编辑忆旧续集》，生活·读书·新知三联书店 1991 年 6 月第一版。

朱乔森编：《朱自清爱情书信手迹》，江苏教育出版社 2001 年 2 月第一版。

徐强编：《长向文坛瞻背影》，广陵书社 2018 年 10 月第一版。

周锦著：《朱自清作品评述》，台北智燕出版社 1978 年 4 月版。

张漱菡著：《胡秋原传》，湖北人民出版社 2007 年 1 月版。

中华书局编辑部编：《学林漫录》(初集)，中华书局 1980 年 6 月版。

丰子恺著：《丰子恺散文漫画精品集》，天地出版社 2018 年第一版。